(undated, lined)

Day Planner
Prayer Journal

Calendar, diary, notebook, best seller schedule organizer for music lovers, Christian musicians, praise and worship leaders, singers, women with musical instruments

Mikaela Vincent

More Than A Conqueror Books
MoreThanAConquerorBooks@gmail.com

www.MoreThanAConquerorBooks.com

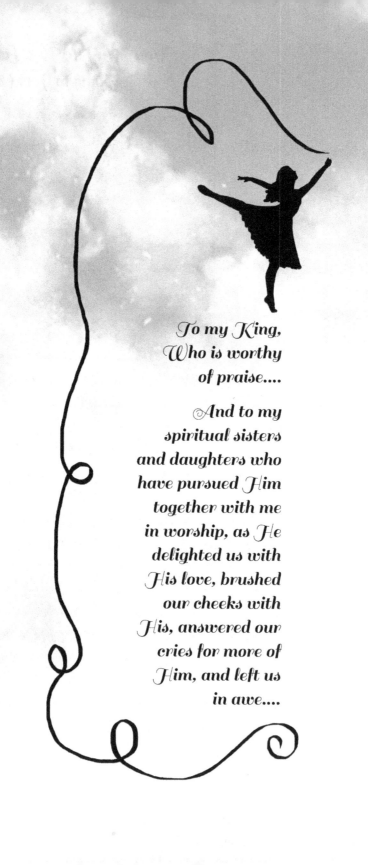

To my King,
Who is worthy
of praise....

And to my
spiritual sisters
and daughters who
have pursued Him
together with me
in worship, as He
delighted us with
His love, brushed
our cheeks with
His, answered our
cries for more of
Him, and left us
in awe....

Worship is not performing Christian music.
It is a LIFESTYLE.

But the hour cometh, and now is, when the true worshippers shall worship the Father in spirit and in truth: for the Father seeketh such to worship Him. God is a Spirit: and they that worship Him must worship Him in spirit and in truth.

John 4:23-24 kjv

I have always loved music. And Jesus. Both have been foundational in our family since before I was born. My dad sings bass; my mom lyric soprano. We always had various instruments scattered throughout the house — guitar, piano, harp, harmonica, clarinet.... None of us were great at any of it, but, oh, how we loved to praise the Lord!

In fact, as I prayed for a husband, I asked for only three things — that he love God first, love me second, and love music. My King gave me a husband who is so much more, and together we have given our lives to sharing God's love among the nations, worshipping in dark corners of the world where few have heard His name. What an adventure it has been!

But the greatest adventure of all happens when we open our hearts up completely to the Lord to do with as He wills.

Worship ushers in God's felt presence, and transforms us.

Have you ever felt an overwhelming joy, peace, or other touch from God as you worshipped? When we make the conscious choice to draw near to God, *He draws near to us.* James 4:8. He is likely to surprise you with His love, leave you breathless with His touch, topple your problem with His solution, or show you something in His Word about Himself that never made sense until now.

As we look into His eyes of love, He changes our viewpoint. Trials that once consumed our every thought fade away in the light of His glory, as our minds shift from stressing about how big our problems are to resting in how great our God is. His Spirit of Truth saturates our hearts, sweetening our bitterness, softening the hard places, undoing the knots, and making us a clear-and-straight conduit for His love and grace to flow through and touch others. (John 14:12-20)

Worship defeats the enemy.

In 2 Chronicles 20, five armies descended upon Judah all at once. Alarmed, King Jehoshaphat gathered God's people to fast and seek the Lord together, saying, "We don't know what to do, but our eyes are on You."

I love that God was his go-to. That he didn't fix his eyes on the problem and let worry overtake him, but he looked to the Lord. Proverbs 3:5-6. *Greater is the God who was with him than all the armies set against him.* 1 John 4: 4. And I love that he led everyone in *worship*. In fact, the next day, he sent his army out to war *singing*, with the *worshippers on the front line.* They didn't even have to fight. All they did was *worship.* The Lord fought for them, *and they walked away with more treasures than they could carry* (verses 21-29).

As my husband and I share Christ with others, we often experience backlash from the enemy. But when we worship, the enemy flees, and we sleep in peace. Isaiah 30:27-32. (See the full strategy we used with our children to help them to freedom from fear in *Out You Go, Fear!* at www. MoreThanAConquerorBooks.com.) That's no surprise, though, is it? Because when David played the lyre, *the evil spirit in Saul fled.* 1 Samuel 16:23.

This is what I call **worship intercession**. As we worship God in the midst of great evil, we intercede also for those who are lost or afflicted, and walls come down in the spiritual realm so they (and we) can be free. Psalm 139:

Praise the Lord! Sing to the Lord a new song,
And His praise in the assembly of saints.
Let Israel rejoice in their Maker;
Let the children of Zion be joyful in their King.
Let them praise His name with the dance;
Let them sing praises to Him with the timbrel and harp.
For the Lord takes pleasure in His people;
He will beautify the humble with salvation.
Let the saints be joyful in glory; Let them sing aloud on their beds.
Let the high praises of God be in their mouth,
And a two-edged sword in their hand,
To execute vengeance on the (enemy).

Delight to Be a Woman of God

Devotional or group Bible study workbook for knowing God's voice, overcoming conflict, finding true love, and unlocking your beauty. Accompanied by the *Delight to Be a Woman of God Prayer Journal.*

Delight to Be a Woman of Wonder

Devotional Bible study for victory over darkness, removing the barriers to oneness with Christ, and walking in the Spirit's power. Accompanied by the *Delight to Be a Woman of Wonder Prayer Journal* with guided conversations with God for freedom and intimacy.

Dare to Become a Kingdom Culture Leader, Volumes 1-2

Daily devotional Bible studies on listening to God, following His lead, and influencing others to do the same.

*I*n the coming days, you will face many battles. In fact, if you love the Lord with all your heart and seek to follow His lead, you can expect persecution. 2 Timothy 3:12. But do not fear. Greater is the One within you. 1 John 4:4. Rest in His Sovereignty, seek Him for His instructions, and step out in obedience.

As you enter into this new year, remember:

*T*he key to walking in God's anointing is surrender.

So, take time to worship the Lord as you lay this year down before Him. Proverbs 3:5-6.

1. Ask Him what He wants to do in you, and write what He shows you.
   - Ask Him for a special verse, passage, or other word from His heart He wants to be the theme for this year.
   - What sins, thoughts, reactions, or habits do you have that you know He wants to set you free from? (If you need a Bible study workbook with steps to freedom, check out the previous page.)
   - What new habits does He want to form in you?
   - Where does He want you to read in the Word this year?
   - Is there a Bible study He wants you to join, lead, or study?
2. Hand the Lord your schedule.
   - Lay this year's opportunities down at His feet, and ask Him what *He* wants to do. Have you said yes to something He hasn't asked you to do? Is there anything He's asked you to do you're not doing yet?
   - Make sure you plan into your schedule daily times alone with God.
   - Each morning, ask Him what He wants to do in you and through you, and follow His lead throughout the day. At night, write what He showed you or did.
   - Plan occasional half or whole days alone with God, so you can draw all the nearer, and hand Him your upcoming plans. Proverbs 3:5-6.

Burnout happens when you're doing more than God has asked you to do, or you're doing it in your own power.

Let the Lord transform your heart and mind with His Spirit of Truth, cleansing your thoughts until they agree with His, and setting you free from thought processes that cause you to react outside the Spirit's leading. (See the suggested Bible studies and prayer journals on the previous page.)

Hand him your talents, gifts, desires, hopes, dreams, relationships, opinions, plans, decisions, and whole life. Talk with Him all throughout the day each day, following His leading through each circumstance. *Live every moment as if bowed at His throne.* Let Him transform your everyday happenings into God-awesome displays of his glory!

May your life be a love song to the One this is all for.

Remind me, O Lord, that I am performing for an audience of

One.

Press my head against
Your chest, O Lord, so I
can dance to the rhythm of
Your heartbeat.

January

Sun	Mon	Tue	Wed	Thu	Fri	Sat

January 1

7:00
7:30
8:00
8:30
9:00
9:30
10:00
10:30
11:00
11:30
12:00
12:30
1:00
1:30
2:00
2:30
3:00
3:30
4:00
4:30
5:00
5:30
6:00
6:30
7:00
7:30
8:00
8:30
9:00
9:30
10:00

Press my head against
Your chest, O Lord, so I
can dance to the rhythm of
Your heartbeat.

What
God
did
today

God's
word
for me
today

7:00
7:30
8:00
8:30
9:00
9:30
10:00
10:30
11:00
11:30
12:00
12:30
1:00
1:30
2:00
2:30
3:00
3:30
4:00
4:30
5:00
5:30
6:00
6:30
7:00
7:30
8:00
8:30
9:00
9:30
10:00

What
God
did
today

January 2

January 3

God's
word
for me
today

7:00
7:30
8:00
8:30
9:00
9:30
10:00
10:30
11:00
11:30
12:00
12:30
1:00
1:30
2:00
2:30
3:00
3:30
4:00
4:30
5:00
5:30
6:00
6:30
7:00
7:30
8:00
8:30
9:00
9:30
10:00

*Press my head against
Your chest, O Lord, so I
can dance to the rhythm of
Your heartbeat.*

What
God
did
today

7:00
7:30
8:00
8:30
9:00
9:30
10:00
10:30
11:00
11:30
12:00
12:30
1:00
1:30
2:00
2:30
3:00
3:30
4:00
4:30
5:00
5:30
6:00
6:30
7:00
7:30
8:00
8:30
9:00
9:30
10:00

What
God
did
today

January 4

January 5

7:00
7:30
8:00
8:30
9:00
9:30
10:00
10:30
11:00
11:30
12:00
12:30
1:00
1:30
2:00
2:30
3:00
3:30
4:00
4:30
5:00
5:30
6:00
6:30
7:00
7:30
8:00
8:30
9:00
9:30
10:00

*Press my head against
Your chest, O Lord, so I
can dance to the rhythm of
Your heartbeat.*

What
God
did
today

God's
word
for me
today

7:00
7:30
8:00
8:30
9:00
9:30
10:00
10:30
11:00
11:30
12:00
12:30
1:00
1:30
2:00
2:30
3:00
3:30
4:00
4:30
5:00
5:30
6:00
6:30
7:00
7:30
8:00
8:30
9:00
9:30
10:00

What
God
did
today

January 6

January 7

God's
word
for me
today

7:00
7:30
8:00
8:30
9:00
9:30
10:00
10:30
11:00
11:30
12:00
12:30
1:00
1:30
2:00
2:30
3:00
3:30
4:00
4:30
5:00
5:30
6:00
6:30
7:00
7:30
8:00
8:30
9:00
9:30
10:00

What
God
did
today

*Press my head against
Your chest, O Lord, so I
can dance to the rhythm of
Your heartbeat.*

7:00
7:30
8:00
8:30
9:00
9:30
10:00
10:30
11:00
11:30
12:00
12:30
1:00
1:30
2:00
2:30
3:00
3:30
4:00
4:30
5:00
5:30
6:00
6:30
7:00
7:30
8:00
8:30
9:00
9:30
10:00

What
God
did
today

January 8

January 9

7:00
7:30
8:00
8:30
9:00
9:30
10:00
10:30
11:00
11:30
12:00
12:30
1:00
1:30
2:00
2:30
3:00
3:30
4:00
4:30
5:00
5:30
6:00
6:30
7:00
7:30
8:00
8:30
9:00
9:30
10:00

Press my head against
Your chest, O Lord, so I
can dance to the rhythm of
Your heartbeat.

What
God
did
today

7:00
7:30
8:00
8:30
9:00
9:30
10:00
10:30
11:00
11:30
12:00
12:30
1:00
1:30
2:00
2:30
3:00
3:30
4:00
4:30
5:00
5:30
6:00
6:30
7:00
7:30
8:00
8:30
9:00
9:30
10:00

What
God
did
today

January 11

7:00
7:30
8:00
8:30
9:00
9:30
10:00
10:30
11:00
11:30
12:00
12:30
1:00
1:30
2:00
2:30
3:00
3:30
4:00
4:30
5:00
5:30
6:00
6:30
7:00
7:30
8:00
8:30
9:00
9:30
10:00

*Press my head against
Your chest, O Lord, so I
can dance to the rhythm of
Your heartbeat.*

What
God
did
today

God's
word
for me
today

7:00
7:30
8:00
8:30
9:00
9:30
10:00
10:30
11:00
11:30
12:00
12:30
1:00
1:30
2:00
2:30
3:00
3:30
4:00
4:30
5:00
5:30
6:00
6:30
7:00
7:30
8:00
8:30
9:00
9:30
10:00

What
God
did
today

January 12

January 13

God's
word
for me
today

7:00
7:30
8:00
8:30
9:00
9:30
10:00
10:30
11:00
11:30
12:00
12:30
1:00
1:30
2:00
2:30
3:00
3:30
4:00
4:30
5:00
5:30
6:00
6:30
7:00
7:30
8:00
8:30
9:00
9:30
10:00

*Press my head against
Your chest, O Lord, so I
can dance to the rhythm of
Your heartbeat.*

What
God
did
today

7:00
7:30
8:00
8:30
9:00
9:30
10:00
10:30
11:00
11:30
12:00
12:30
1:00
1:30
2:00
2:30
3:00
3:30
4:00
4:30
5:00
5:30
6:00
6:30
7:00
7:30
8:00
8:30
9:00
9:30
10:00

What
God
did
today

January 14

January 15

7:00
7:30
8:00
8:30
9:00
9:30
10:00
10:30
11:00
11:30
12:00
12:30
1:00
1:30
2:00
2:30
3:00
3:30
4:00
4:30
5:00
5:30
6:00
6:30
7:00
7:30
8:00
8:30
9:00
9:30
10:00

*Press my head against
Your chest, O Lord, so I
can dance to the rhythm of
Your heartbeat.*

What
God
did
today

God's
word
for me
today

7:00
7:30
8:00
8:30
9:00
9:30
10:00
10:30
11:00
11:30
12:00
12:30
1:00
1:30
2:00
2:30
3:00
3:30
4:00
4:30
5:00
5:30
6:00
6:30
7:00
7:30
8:00
8:30
9:00
9:30
10:00

What
God
did
today

January 16

January 17

God's
word
for me
today

7:00
7:30
8:00
8:30
9:00
9:30
10:00
10:30
11:00
11:30
12:00
12:30
1:00
1:30
2:00
2:30
3:00
3:30
4:00
4:30
5:00
5:30
6:00
6:30
7:00
7:30
8:00
8:30
9:00
9:30
10:00

Press my head against
Your chest, O Lord, so I
can dance to the rhythm of
Your heartbeat.

What
God
did
today

7:00
7:30
8:00
8:30
9:00
9:30
10:00
10:30
11:00
11:30
12:00
12:30
1:00
1:30
2:00
2:30
3:00
3:30
4:00
4:30
5:00
5:30
6:00
6:30
7:00
7:30
8:00
8:30
9:00
9:30
10:00

What
God
did
today

January 18

January 19

7:00
7:30
8:00
8:30
9:00
9:30
10:00
10:30
11:00
11:30
12:00
12:30
1:00
1:30
2:00
2:30
3:00
3:30
4:00
4:30
5:00
5:30
6:00
6:30
7:00
7:30
8:00
8:30
9:00
9:30
10:00

*Press my head against
Your chest, O Lord, so I
can dance to the rhythm of
Your heartbeat.*

What
God
did
today

God's
word
for me
today

7:00
7:30
8:00
8:30
9:00
9:30
10:00
10:30
11:00
11:30
12:00
12:30
1:00
1:30
2:00
2:30
3:00
3:30
4:00
4:30
5:00
5:30
6:00
6:30
7:00
7:30
8:00
8:30
9:00
9:30
10:00

What
God
did
today

January 20

January 21

God's
word
for me
today

7:00
7:30
8:00
8:30
9:00
9:30
10:00
10:30
11:00
11:30
12:00
12:30
1:00
1:30
2:00
2:30
3:00
3:30
4:00
4:30
5:00
5:30
6:00
6:30
7:00
7:30
8:00
8:30
9:00
9:30
10:00

*Press my head against
Your chest, O Lord, so I
can dance to the rhythm of
Your heartbeat.*

What
God
did
today

God's
word
for me
today

7:00
7:30
8:00
8:30
9:00
9:30
10:00
10:30
11:00
11:30
12:00
12:30
1:00
1:30
2:00
2:30
3:00
3:30
4:00
4:30
5:00
5:30
6:00
6:30
7:00
7:30
8:00
8:30
9:00
9:30
10:00

What
God
did
today

January 22

January 23

7:00
7:30
8:00
8:30
9:00
9:30
10:00
10:30
11:00
11:30
12:00
12:30
1:00
1:30
2:00
2:30
3:00
3:30
4:00
4:30
5:00
5:30
6:00
6:30
7:00
7:30
8:00
8:30
9:00
9:30
10:00

Press my head against Your chest, O Lord, so I can dance to the rhythm of Your heartbeat.

What
God
did
today

God's
word
for me
today

7:00
7:30
8:00
8:30
9:00
9:30
10:00
10:30
11:00
11:30
12:00
12:30
1:00
1:30
2:00
2:30
3:00
3:30
4:00
4:30
5:00
5:30
6:00
6:30
7:00
7:30
8:00
8:30
9:00
9:30
10:00

What
God
did
today

January 24

January 25

7:00
7:30
8:00
8:30
9:00
9:30
10:00
10:30
11:00
11:30
12:00
12:30
1:00
1:30
2:00
2:30
3:00
3:30
4:00
4:30
5:00
5:30
6:00
6:30
7:00
7:30
8:00
8:30
9:00
9:30
10:00

*Press my head against
Your chest, O Lord, so I
can dance to the rhythm of
Your heartbeat.*

What
God
did
today

7:00
7:30
8:00
8:30
9:00
9:30
10:00
10:30
11:00
11:30
12:00
12:30
1:00
1:30
2:00
2:30
3:00
3:30
4:00
4:30
5:00
5:30
6:00
6:30
7:00
7:30
8:00
8:30
9:00
9:30
10:00

What
God
did
today

January 26

January 27

7:00
7:30
8:00
8:30
9:00
9:30
10:00
10:30
11:00
11:30
12:00
12:30
1:00
1:30
2:00
2:30
3:00
3:30
4:00
4:30
5:00
5:30
6:00
6:30
7:00
7:30
8:00
8:30
9:00
9:30
10:00

*Press my head against
Your chest, O Lord, so I
can dance to the rhythm of
Your heartbeat.*

What
God
did
today

7:00
7:30
8:00
8:30
9:00
9:30
10:00
10:30
11:00
11:30
12:00
12:30
1:00
1:30
2:00
2:30
3:00
3:30
4:00
4:30
5:00
5:30
6:00
6:30
7:00
7:30
8:00
8:30
9:00
9:30
10:00

What
God
did
today

January 28

God's
word
for me
today

7:00
7:30
8:00
8:30
9:00
9:30
10:00
10:30
11:00
11:30
12:00
12:30
1:00
1:30
2:00
2:30
3:00
3:30
4:00
4:30
5:00
5:30
6:00
6:30
7:00
7:30
8:00
8:30
9:00
9:30
10:00

Press my head against
Your chest, O Lord, so I
can dance to the rhythm of
Your heartbeat.

What
God
did
today

7:00
7:30
8:00
8:30
9:00
9:30
10:00
10:30
11:00
11:30
12:00
12:30
1:00
1:30
2:00
2:30
3:00
3:30
4:00
4:30
5:00
5:30
6:00
6:30
7:00
7:30
8:00
8:30
9:00
9:30
10:00

What
God
did
today

January 31

7:00
7:30
8:00
8:30
9:00
9:30
10:00
10:30
11:00
11:30
12:00
12:30
1:00
1:30
2:00
2:30
3:00
3:30
4:00
4:30
5:00
5:30
6:00
6:30
7:00
7:30
8:00
8:30
9:00
9:30
10:00

*Press my head against
Your chest, O Lord, so I
can dance to the rhythm of
Your heartbeat.*

What
God
did
today

February

Sun	Mon	Tue	Wed	Thu	Fri	Sat

February 1

7:00
7:30
8:00
8:30
9:00
9:30
10:00
10:30
11:00
11:30
12:00
12:30
1:00
1:30
2:00
2:30
3:00
3:30
4:00
4:30
5:00
5:30
6:00
6:30
7:00
7:30
8:00
8:30
9:00
9:30
10:00

What
God
did
today

God's
word
for me
today

7:00
7:30
8:00
8:30
9:00
9:30
10:00
10:30
11:00
11:30
12:00
12:30
1:00
1:30
2:00
2:30
3:00
3:30
4:00
4:30
5:00
5:30
6:00
6:30
7:00
7:30
8:00
8:30
9:00
9:30
10:00

What
God
did
today

February 2

February 3

7:00
7:30
8:00
8:30
9:00
9:30
10:00
10:30
11:00
11:30
12:00
12:30
1:00
1:30
2:00
2:30
3:00
3:30
4:00
4:30
5:00
5:30
6:00
6:30
7:00
7:30
8:00
8:30
9:00
9:30
10:00

What
God
did
today

7:00
7:30
8:00
8:30
9:00
9:30
10:00
10:30
11:00
11:30
12:00
12:30
1:00
1:30
2:00
2:30
3:00
3:30
4:00
4:30
5:00
5:30
6:00
6:30
7:00
7:30
8:00
8:30
9:00
9:30
10:00

What
God
did
today

February 4

February 5

7:00
7:30
8:00
8:30
9:00
9:30
10:00
10:30
11:00
11:30
12:00
12:30
1:00
1:30
2:00
2:30
3:00
3:30
4:00
4:30
5:00
5:30
6:00
6:30
7:00
7:30
8:00
8:30
9:00
9:30
10:00

What
God
did
today

7:00
7:30
8:00
8:30
9:00
9:30
10:00
10:30
11:00
11:30
12:00
12:30
1:00
1:30
2:00
2:30
3:00
3:30
4:00
4:30
5:00
5:30
6:00
6:30
7:00
7:30
8:00
8:30
9:00
9:30
10:00

What
God
did
today

February 6

February 7

7:00
7:30
8:00
8:30
9:00
9:30
10:00
10:30
11:00
11:30
12:00
12:30
1:00
1:30
2:00
2:30
3:00
3:30
4:00
4:30
5:00
5:30
6:00
6:30
7:00
7:30
8:00
8:30
9:00
9:30
10:00

What
God
did
today

God's
word
for me
today

7:00
7:30
8:00
8:30
9:00
9:30
10:00
10:30
11:00
11:30
12:00
12:30
1:00
1:30
2:00
2:30
3:00
3:30
4:00
4:30
5:00
5:30
6:00
6:30
7:00
7:30
8:00
8:30
9:00
9:30
10:00

What
God
did
today

February 8

February 9

7:00
7:30
8:00
8:30
9:00
9:30
10:00
10:30
11:00
11:30
12:00
12:30
1:00
1:30
2:00
2:30
3:00
3:30
4:00
4:30
5:00
5:30
6:00
6:30
7:00
7:30
8:00
8:30
9:00
9:30
10:00

What
God
did
today

God's
word
for me
today

7:00
7:30
8:00
8:30
9:00
9:30
10:00
10:30
11:00
11:30
12:00
12:30
1:00
1:30
2:00
2:30
3:00
3:30
4:00
4:30
5:00
5:30
6:00
6:30
7:00
7:30
8:00
8:30
9:00
9:30
10:00

What
God
did
today

February 10

February 11

God's
word
for me
today

7:00
7:30
8:00
8:30
9:00
9:30
10:00
10:30
11:00
11:30
12:00
12:30
1:00
1:30
2:00
2:30
3:00
3:30
4:00
4:30
5:00
5:30
6:00
6:30
7:00
7:30
8:00
8:30
9:00
9:30
10:00

What
God
did
today

God's
word
for me
today

7:00
7:30
8:00
8:30
9:00
9:30
10:00
10:30
11:00
11:30
12:00
12:30
1:00
1:30
2:00
2:30
3:00
3:30
4:00
4:30
5:00
5:30
6:00
6:30
7:00
7:30
8:00
8:30
9:00
9:30
10:00

What
God
did
today

February 12

February 13

God's
word
for me
today

7:00
7:30
8:00
8:30
9:00
9:30
10:00
10:30
11:00
11:30
12:00
12:30
1:00
1:30
2:00
2:30
3:00
3:30
4:00
4:30
5:00
5:30
6:00
6:30
7:00
7:30
8:00
8:30
9:00
9:30
10:00

What
God
did
today

God's
word
for me
today

7:00
7:30
8:00
8:30
9:00
9:30
10:00
10:30
11:00
11:30
12:00
12:30
1:00
1:30
2:00
2:30
3:00
3:30
4:00
4:30
5:00
5:30
6:00
6:30
7:00
7:30
8:00
8:30
9:00
9:30
10:00

What
God
did
today

February 14

February 15

7:00
7:30
8:00
8:30
9:00
9:30
10:00
10:30
11:00
11:30
12:00
12:30
1:00
1:30
2:00
2:30
3:00
3:30
4:00
4:30
5:00
5:30
6:00
6:30
7:00
7:30
8:00
8:30
9:00
9:30
10:00

What
God
did
today

7:00
7:30
8:00
8:30
9:00
9:30
10:00
10:30
11:00
11:30
12:00
12:30
1:00
1:30
2:00
2:30
3:00
3:30
4:00
4:30
5:00
5:30
6:00
6:30
7:00
7:30
8:00
8:30
9:00
9:30
10:00

What
God
did
today

February 16

February 17

7:00
7:30
8:00
8:30
9:00
9:30
10:00
10:30
11:00
11:30
12:00
12:30
1:00
1:30
2:00
2:30
3:00
3:30
4:00
4:30
5:00
5:30
6:00
6:30
7:00
7:30
8:00
8:30
9:00
9:30
10:00

What
God
did
today

God's
word
for me
today

7:00
7:30
8:00
8:30
9:00
9:30
10:00
10:30
11:00
11:30
12:00
12:30
1:00
1:30
2:00
2:30
3:00
3:30
4:00
4:30
5:00
5:30
6:00
6:30
7:00
7:30
8:00
8:30
9:00
9:30
10:00

What
God
did
today

February 18

February 19

God's
word
for me
today

7:00
7:30
8:00
8:30
9:00
9:30
10:00
10:30
11:00
11:30
12:00
12:30
1:00
1:30
2:00
2:30
3:00
3:30
4:00
4:30
5:00
5:30
6:00
6:30
7:00
7:30
8:00
8:30
9:00
9:30
10:00

What
God
did
today

7:00
7:30
8:00
8:30
9:00
9:30
10:00
10:30
11:00
11:30
12:00
12:30
1:00
1:30
2:00
2:30
3:00
3:30
4:00
4:30
5:00
5:30
6:00
6:30
7:00
7:30
8:00
8:30
9:00
9:30
10:00

What
God
did
today

February 20

February 21

7:00
7:30
8:00
8:30
9:00
9:30
10:00
10:30
11:00
11:30
12:00
12:30
1:00
1:30
2:00
2:30
3:00
3:30
4:00
4:30
5:00
5:30
6:00
6:30
7:00
7:30
8:00
8:30
9:00
9:30
10:00

What
God
did
today

God's
word
for me
today

7:00
7:30
8:00
8:30
9:00
9:30
10:00
10:30
11:00
11:30
12:00
12:30
1:00
1:30
2:00
2:30
3:00
3:30
4:00
4:30
5:00
5:30
6:00
6:30
7:00
7:30
8:00
8:30
9:00
9:30
10:00

What
God
did
today

February 22

February 23

God's
word
for me
today

7:00
7:30
8:00
8:30
9:00
9:30
10:00
10:30
11:00
11:30
12:00
12:30
1:00
1:30
2:00
2:30
3:00
3:30
4:00
4:30
5:00
5:30
6:00
6:30
7:00
7:30
8:00
8:30
9:00
9:30
10:00

What
God
did
today

God's
word
for me
today

7:00
7:30
8:00
8:30
9:00
9:30
10:00
10:30
11:00
11:30
12:00
12:30
1:00
1:30
2:00
2:30
3:00
3:30
4:00
4:30
5:00
5:30
6:00
6:30
7:00
7:30
8:00
8:30
9:00
9:30
10:00

What
God
did
today

February 24

February 25

7:00
7:30
8:00
8:30
9:00
9:30
10:00
10:30
11:00
11:30
12:00
12:30
1:00
1:30
2:00
2:30
3:00
3:30
4:00
4:30
5:00
5:30
6:00
6:30
7:00
7:30
8:00
8:30
9:00
9:30
10:00

What
God
did
today

God's
word
for me
today

7:00
7:30
8:00
8:30
9:00
9:30
10:00
10:30
11:00
11:30
12:00
12:30
1:00
1:30
2:00
2:30
3:00
3:30
4:00
4:30
5:00
5:30
6:00
6:30
7:00
7:30
8:00
8:30
9:00
9:30
10:00

What
God
did
today

February 26

February 27

God's
word
for me
today

7:00
7:30
8:00
8:30
9:00
9:30
10:00
10:30
11:00
11:30
12:00
12:30
1:00
1:30
2:00
2:30
3:00
3:30
4:00
4:30
5:00
5:30
6:00
6:30
7:00
7:30
8:00
8:30
9:00
9:30
10:00

What
God
did
today

God's
word
for me
today

7:00
7:30
8:00
8:30
9:00
9:30
10:00
10:30
11:00
11:30
12:00
12:30
1:00
1:30
2:00
2:30
3:00
3:30
4:00
4:30
5:00
5:30
6:00
6:30
7:00
7:30
8:00
8:30
9:00
9:30
10:00

What
God
did
today

February 28

March

Sun	Mon	Tue	Wed	Thu	Fri	Sat

I praise You, O Lord,
my God, for what else
can I do? Your love
has set me free!

March 1

God's
word
for me
today

7:00
7:30
8:00
8:30
9:00
9:30
10:00
10:30
11:00
11:30
12:00
12:30
1:00
1:30
2:00
2:30
3:00
3:30
4:00
4:30
5:00
5:30
6:00
6:30
7:00
7:30
8:00
8:30
9:00
9:30
10:00

What
God
did
today

God's
word
for me
today

7:00
7:30
8:00
8:30
9:00
9:30
10:00
10:30
11:00
11:30
12:00
12:30
1:00
1:30
2:00
2:30
3:00
3:30
4:00
4:30
5:00
5:30
6:00
6:30
7:00
7:30
8:00
8:30
9:00
9:30
10:00

*I praise You, O Lord,
my God, for what else
can I do? Your love
has set me free!*

What
God
did
today

March 2

March 3

7:00
7:30
8:00
8:30
9:00
9:30
10:00
10:30
11:00
11:30
12:00
12:30
1:00
1:30
2:00
2:30
3:00
3:30
4:00
4:30
5:00
5:30
6:00
6:30
7:00
7:30
8:00
8:30
9:00
9:30
10:00

What
God
did
today

7:00
7:30
8:00
8:30
9:00
9:30
10:00
10:30
11:00
11:30
12:00
12:30
1:00
1:30
2:00
2:30
3:00
3:30
4:00
4:30
5:00
5:30
6:00
6:30
7:00
7:30
8:00
8:30
9:00
9:30
10:00

*I praise You, O Lord,
my God, for what else
can I do? Your love
has set me free!*

March 4

March 5

7:00
7:30
8:00
8:30
9:00
9:30
10:00
10:30
11:00
11:30
12:00
12:30
1:00
1:30
2:00
2:30
3:00
3:30
4:00
4:30
5:00
5:30
6:00
6:30
7:00
7:30
8:00
8:30
9:00
9:30
10:00

What
God
did
today

7:00
7:30
8:00
8:30
9:00
9:30
10:00
10:30
11:00
11:30
12:00
12:30
1:00
1:30
2:00
2:30
3:00
3:30
4:00
4:30
5:00
5:30
6:00
6:30
7:00
7:30
8:00
8:30
9:00
9:30
10:00

*I praise You, O Lord,
my God, for what else
can I do? Your love
has set me free!*

What
God
did
today

March 6

March 7

God's
word
for me
today

7:00
7:30
8:00
8:30
9:00
9:30
10:00
10:30
11:00
11:30
12:00
12:30
1:00
1:30
2:00
2:30
3:00
3:30
4:00
4:30
5:00
5:30
6:00
6:30
7:00
7:30
8:00
8:30
9:00
9:30
10:00

What
God
did
today

7:00
7:30
8:00
8:30
9:00
9:30
10:00
10:30
11:00
11:30
12:00
12:30
1:00
1:30
2:00
2:30
3:00
3:30
4:00
4:30
5:00
5:30
6:00
6:30
7:00
7:30
8:00
8:30
9:00
9:30
10:00

*I praise You, O Lord,
my God, for what else
can I do? Your love
has set me free!*

What
God
did
today

March 8

March 9

God's
word
for me
today

7:00
7:30
8:00
8:30
9:00
9:30
10:00
10:30
11:00
11:30
12:00
12:30
1:00
1:30
2:00
2:30
3:00
3:30
4:00
4:30
5:00
5:30
6:00
6:30
7:00
7:30
8:00
8:30
9:00
9:30
10:00

What
God
did
today

7:00
7:30
8:00
8:30
9:00
9:30
10:00
10:30
11:00
11:30
12:00
12:30
1:00
1:30
2:00
2:30
3:00
3:30
4:00
4:30
5:00
5:30
6:00
6:30
7:00
7:30
8:00
8:30
9:00
9:30
10:00

*I praise You, O Lord,
my God, for what else
can I do? Your love
has set me free!*

March 10

March 11

God's
word
for me
today

7:00
7:30
8:00
8:30
9:00
9:30
10:00
10:30
11:00
11:30
12:00
12:30
1:00
1:30
2:00
2:30
3:00
3:30
4:00
4:30
5:00
5:30
6:00
6:30
7:00
7:30
8:00
8:30
9:00
9:30
10:00

What
God
did
today

7:00
7:30
8:00
8:30
9:00
9:30
10:00
10:30
11:00
11:30
12:00
12:30
1:00
1:30
2:00
2:30
3:00
3:30
4:00
4:30
5:00
5:30
6:00
6:30
7:00
7:30
8:00
8:30
9:00
9:30
10:00

*I praise You, O Lord,
my God, for what else
can I do? Your love
has set me free!*

What
God
did
today

March 12

March 13

7:00
7:30
8:00
8:30
9:00
9:30
10:00
10:30
11:00
11:30
12:00
12:30
1:00
1:30
2:00
2:30
3:00
3:30
4:00
4:30
5:00
5:30
6:00
6:30
7:00
7:30
8:00
8:30
9:00
9:30
10:00

What
God
did
today

7:00
7:30
8:00
8:30
9:00
9:30
10:00
10:30
11:00
11:30
12:00
12:30
1:00
1:30
2:00
2:30
3:00
3:30
4:00
4:30
5:00
5:30
6:00
6:30
7:00
7:30
8:00
8:30
9:00
9:30
10:00

*I praise You, O Lord,
my God, for what else
can I do? Your love
has set me free!*

March 14

March 15

7:00
7:30
8:00
8:30
9:00
9:30
10:00
10:30
11:00
11:30
12:00
12:30
1:00
1:30
2:00
2:30
3:00
3:30
4:00
4:30
5:00
5:30
6:00
6:30
7:00
7:30
8:00
8:30
9:00
9:30
10:00

What
God
did
today

7:00
7:30
8:00
8:30
9:00
9:30
10:00
10:30
11:00
11:30
12:00
12:30
1:00
1:30
2:00
2:30
3:00
3:30
4:00
4:30
5:00
5:30
6:00
6:30
7:00
7:30
8:00
8:30
9:00
9:30
10:00

*I praise You, O Lord,
my God, for what else
can I do? Your love
has set me free!*

What
God
did
today

March 16

March 17

7:00
7:30
8:00
8:30
9:00
9:30
10:00
10:30
11:00
11:30
12:00
12:30
1:00
1:30
2:00
2:30
3:00
3:30
4:00
4:30
5:00
5:30
6:00
6:30
7:00
7:30
8:00
8:30
9:00
9:30
10:00

What
God
did
today

7:00
7:30
8:00
8:30
9:00
9:30
10:00
10:30
11:00
11:30
12:00
12:30
1:00
1:30
2:00
2:30
3:00
3:30
4:00
4:30
5:00
5:30
6:00
6:30
7:00
7:30
8:00
8:30
9:00
9:30
10:00

*I praise You, O Lord,
my God, for what else
can I do? Your love
has set me free!*

March 18

March 19

7:00
7:30
8:00
8:30
9:00
9:30
10:00
10:30
11:00
11:30
12:00
12:30
1:00
1:30
2:00
2:30
3:00
3:30
4:00
4:30
5:00
5:30
6:00
6:30
7:00
7:30
8:00
8:30
9:00
9:30
10:00

What
God
did
today

7:00
7:30
8:00
8:30
9:00
9:30
10:00
10:30
11:00
11:30
12:00
12:30
1:00
1:30
2:00
2:30
3:00
3:30
4:00
4:30
5:00
5:30
6:00
6:30
7:00
7:30
8:00
8:30
9:00
9:30
10:00

*I praise You, O Lord,
my God, for what else
can I do? Your love
has set me free!*

What
God
did
today

March 20

March 21

7:00
7:30
8:00
8:30
9:00
9:30
10:00
10:30
11:00
11:30
12:00
12:30
1:00
1:30
2:00
2:30
3:00
3:30
4:00
4:30
5:00
5:30
6:00
6:30
7:00
7:30
8:00
8:30
9:00
9:30
10:00

What
God
did
today

7:00
7:30
8:00
8:30
9:00
9:30
10:00
10:30
11:00
11:30
12:00
12:30
1:00
1:30
2:00
2:30
3:00
3:30
4:00
4:30
5:00
5:30
6:00
6:30
7:00
7:30
8:00
8:30
9:00
9:30
10:00

*I praise You, O Lord,
my God, for what else
can I do? Your love
has set me free!*

What
God
did
today

March 22

March 23

God's
word
for me
today

7:00
7:30
8:00
8:30
9:00
9:30
10:00
10:30
11:00
11:30
12:00
12:30
1:00
1:30
2:00
2:30
3:00
3:30
4:00
4:30
5:00
5:30
6:00
6:30
7:00
7:30
8:00
8:30
9:00
9:30
10:00

What
God
did
today

7:00
7:30
8:00
8:30
9:00
9:30
10:00
10:30
11:00
11:30
12:00
12:30
1:00
1:30
2:00
2:30
3:00
3:30
4:00
4:30
5:00
5:30
6:00
6:30
7:00
7:30
8:00
8:30
9:00
9:30
10:00

*I praise You, O Lord,
my God, for what else
can I do? Your love
has set me free!*

March 24

March 25

God's
word
for me
today

7:00
7:30
8:00
8:30
9:00
9:30
10:00
10:30
11:00
11:30
12:00
12:30
1:00
1:30
2:00
2:30
3:00
3:30
4:00
4:30
5:00
5:30
6:00
6:30
7:00
7:30
8:00
8:30
9:00
9:30
10:00

What
God
did
today

God's
word
for me
today

7:00
7:30
8:00
8:30
9:00
9:30
10:00
10:30
11:00
11:30
12:00
12:30
1:00
1:30
2:00
2:30
3:00
3:30
4:00
4:30
5:00
5:30
6:00
6:30
7:00
7:30
8:00
8:30
9:00
9:30
10:00

*I praise You, O Lord,
my God, for what else
can I do? Your love
has set me free!*

What
God
did
today

March 26

March 27

7:00
7:30
8:00
8:30
9:00
9:30
10:00
10:30
11:00
11:30
12:00
12:30
1:00
1:30
2:00
2:30
3:00
3:30
4:00
4:30
5:00
5:30
6:00
6:30
7:00
7:30
8:00
8:30
9:00
9:30
10:00

What
God
did
today

7:00
7:30
8:00
8:30
9:00
9:30
10:00
10:30
11:00
11:30
12:00
12:30
1:00
1:30
2:00
2:30
3:00
3:30
4:00
4:30
5:00
5:30
6:00
6:30
7:00
7:30
8:00
8:30
9:00
9:30
10:00

*I praise You, O Lord,
my God, for what else
can I do? Your love
has set me free!*

March 28

March 29

7:00
7:30
8:00
8:30
9:00
9:30
10:00
10:30
11:00
11:30
12:00
12:30
1:00
1:30
2:00
2:30
3:00
3:30
4:00
4:30
5:00
5:30
6:00
6:30
7:00
7:30
8:00
8:30
9:00
9:30
10:00

What
God
did
today

7:00
7:30
8:00
8:30
9:00
9:30
10:00
10:30
11:00
11:30
12:00
12:30
1:00
1:30
2:00
2:30
3:00
3:30
4:00
4:30
5:00
5:30
6:00
6:30
7:00
7:30
8:00
8:30
9:00
9:30
10:00

*I praise You, O Lord,
my God, for what else
can I do? Your love
has set me free!*

What
God
did
today

March 30

March 31

7:00
7:30
8:00
8:30
9:00
9:30
10:00
10:30
11:00
11:30
12:00
12:30
1:00
1:30
2:00
2:30
3:00
3:30
4:00
4:30
5:00
5:30
6:00
6:30
7:00
7:30
8:00
8:30
9:00
9:30
10:00

What
God
did
today

I praise You, O Lord,
my God, for what else
can I do? Your love
has set me free!

April

Sun	Mon	Tue	Wed	Thu	Fri	Sat

*May I be an instrument
of peace, O Lord, drawing
others into Your left
presence.*

April 1

God's
word
for me
today

7:00
7:30
8:00
8:30
9:00
9:30
10:00
10:30
11:00
11:30
12:00
12:30
1:00
1:30
2:00
2:30
3:00
3:30
4:00
4:30
5:00
5:30
6:00
6:30
7:00
7:30
8:00
8:30
9:00
9:30
10:00

What
God
did
today

*May I be an instrument
of peace, O Lord, drawing
others into Your full
presence.*

7:00
7:30
8:00
8:30
9:00
9:30
10:00
10:30
11:00
11:30
12:00
12:30
1:00
1:30
2:00
2:30
3:00
3:30
4:00
4:30
5:00
5:30
6:00
6:30
7:00
7:30
8:00
8:30
9:00
9:30
10:00

What
God
did
today

April 2

April 3

7:00
7:30
8:00
8:30
9:00
9:30
10:00
10:30
11:00
11:30
12:00
12:30
1:00
1:30
2:00
2:30
3:00
3:30
4:00
4:30
5:00
5:30
6:00
6:30
7:00
7:30
8:00
8:30
9:00
9:30
10:00

*May I be an instrument
of peace, O Lord, drawing
others into Your felt
presence.*

7:00
7:30
8:00
8:30
9:00
9:30
10:00
10:30
11:00
11:30
12:00
12:30
1:00
1:30
2:00
2:30
3:00
3:30
4:00
4:30
5:00
5:30
6:00
6:30
7:00
7:30
8:00
8:30
9:00
9:30
10:00

What
God
did
today

April 4

April 5

God's
word
for me
today

7:00
7:30
8:00
8:30
9:00
9:30
10:00
10:30
11:00
11:30
12:00
12:30
1:00
1:30
2:00
2:30
3:00
3:30
4:00
4:30
5:00
5:30
6:00
6:30
7:00
7:30
8:00
8:30
9:00
9:30
10:00

What
God
did
today

May I be an instrument
of peace, O Lord, drawing
others into Your fellowship.

7:00
7:30
8:00
8:30
9:00
9:30
10:00
10:30
11:00
11:30
12:00
12:30
1:00
1:30
2:00
2:30
3:00
3:30
4:00
4:30
5:00
5:30
6:00
6:30
7:00
7:30
8:00
8:30
9:00
9:30
10:00

What
God
did
today

April 6

April 7

God's
word
for me
today

7:00
7:30
8:00
8:30
9:00
9:30
10:00
10:30
11:00
11:30
12:00
12:30
1:00
1:30
2:00
2:30
3:00
3:30
4:00
4:30
5:00
5:30
6:00
6:30
7:00
7:30
8:00
8:30
9:00
9:30
10:00

What
God
did
today

God's
word
for me
today

*May I be an instrument
of prayer, O Lord, drawing
others into Your left
presence.*

7:00
7:30
8:00
8:30
9:00
9:30
10:00
10:30
11:00
11:30
12:00
12:30
1:00
1:30
2:00
2:30
3:00
3:30
4:00
4:30
5:00
5:30
6:00
6:30
7:00
7:30
8:00
8:30
9:00
9:30
10:00

What
God
did
today

April 8

April 9

God's
word
for me
today

7:00
7:30
8:00
8:30
9:00
9:30
10:00
10:30
11:00
11:30
12:00
12:30
1:00
1:30
2:00
2:30
3:00
3:30
4:00
4:30
5:00
5:30
6:00
6:30
7:00
7:30
8:00
8:30
9:00
9:30
10:00

What
God
did
today

May I be an instrument
of peace, O Lord, drawing
others into Your felt
presence.

7:00
7:30
8:00
8:30
9:00
9:30
10:00
10:30
11:00
11:30
12:00
12:30
1:00
1:30
2:00
2:30
3:00
3:30
4:00
4:30
5:00
5:30
6:00
6:30
7:00
7:30
8:00
8:30
9:00
9:30
10:00

What
God
did
today

April 10

April 11

God's
word
for me
today

7:00
7:30
8:00
8:30
9:00
9:30
10:00
10:30
11:00
11:30
12:00
12:30
1:00
1:30
2:00
2:30
3:00
3:30
4:00
4:30
5:00
5:30
6:00
6:30
7:00
7:30
8:00
8:30
9:00
9:30
10:00

What
God
did
today

May I be an instrument
of peace, O Lord, drawing
others into Your felt
presence.

7:00
7:30
8:00
8:30
9:00
9:30
10:00
10:30
11:00
11:30
12:00
12:30
1:00
1:30
2:00
2:30
3:00
3:30
4:00
4:30
5:00
5:30
6:00
6:30
7:00
7:30
8:00
8:30
9:00
9:30
10:00

What
God
did
today

April 12

April 13

7:00
7:30
8:00
8:30
9:00
9:30
10:00
10:30
11:00
11:30
12:00
12:30
1:00
1:30
2:00
2:30
3:00
3:30
4:00
4:30
5:00
5:30
6:00
6:30
7:00
7:30
8:00
8:30
9:00
9:30
10:00

May I be an instrument
of peace, O Lord, drawing
others into Yourself

7:00
7:30
8:00
8:30
9:00
9:30
10:00
10:30
11:00
11:30
12:00
12:30
1:00
1:30
2:00
2:30
3:00
3:30
4:00
4:30
5:00
5:30
6:00
6:30
7:00
7:30
8:00
8:30
9:00
9:30
10:00

What
God
did
today

April 14

April 15

7:00
7:30
8:00
8:30
9:00
9:30
10:00
10:30
11:00
11:30
12:00
12:30
1:00
1:30
2:00
2:30
3:00
3:30
4:00
4:30
5:00
5:30
6:00
6:30
7:00
7:30
8:00
8:30
9:00
9:30
10:00

What
God
did
today

*May I be an instrument
of peace, O Lord, drawing
others into Your felt
presence.*

7:00
7:30
8:00
8:30
9:00
9:30
10:00
10:30
11:00
11:30
12:00
12:30
1:00
1:30
2:00
2:30
3:00
3:30
4:00
4:30
5:00
5:30
6:00
6:30
7:00
7:30
8:00
8:30
9:00
9:30
10:00

What
God
did
today

April 16

April 17

God's
word
for me
today

7:00
7:30
8:00
8:30
9:00
9:30
10:00
10:30
11:00
11:30
12:00
12:30
1:00
1:30
2:00
2:30
3:00
3:30
4:00
4:30
5:00
5:30
6:00
6:30
7:00
7:30
8:00
8:30
9:00
9:30
10:00

What
God
did
today

May I be an instrument
of peace, O Lord, drawing
others into Your felt
presence.

7:00
7:30
8:00
8:30
9:00
9:30
10:00
10:30
11:00
11:30
12:00
12:30
1:00
1:30
2:00
2:30
3:00
3:30
4:00
4:30
5:00
5:30
6:00
6:30
7:00
7:30
8:00
8:30
9:00
9:30
10:00

What
God
did
today

April 18

April 19

God's
word
for me
today

7:00
7:30
8:00
8:30
9:00
9:30
10:00
10:30
11:00
11:30
12:00
12:30
1:00
1:30
2:00
2:30
3:00
3:30
4:00
4:30
5:00
5:30
6:00
6:30
7:00
7:30
8:00
8:30
9:00
9:30
10:00

What
God
did
today

*May I be an instrument
of peace, O Lord, drawing
others into Your felt
presence.*

7:00
7:30
8:00
8:30
9:00
9:30
10:00
10:30
11:00
11:30
12:00
12:30
1:00
1:30
2:00
2:30
3:00
3:30
4:00
4:30
5:00
5:30
6:00
6:30
7:00
7:30
8:00
8:30
9:00
9:30
10:00

What
God
did
today

April 20

April 21

God's
word
for me
today

7:00
7:30
8:00
8:30
9:00
9:30
10:00
10:30
11:00
11:30
12:00
12:30
1:00
1:30
2:00
2:30
3:00
3:30
4:00
4:30
5:00
5:30
6:00
6:30
7:00
7:30
8:00
8:30
9:00
9:30
10:00

What
God
did
today

*May I be an instrument
of peace, O Lord, drawing
others into Your felt
presence.*

7:00
7:30
8:00
8:30
9:00
9:30
10:00
10:30
11:00
11:30
12:00
12:30
1:00
1:30
2:00
2:30
3:00
3:30
4:00
4:30
5:00
5:30
6:00
6:30
7:00
7:30
8:00
8:30
9:00
9:30
10:00

What
God
did
today

April 22

April 23

7:00
7:30
8:00
8:30
9:00
9:30
10:00
10:30
11:00
11:30
12:00
12:30
1:00
1:30
2:00
2:30
3:00
3:30
4:00
4:30
5:00
5:30
6:00
6:30
7:00
7:30
8:00
8:30
9:00
9:30
10:00

What
God
did
today

May I be an instrument
of peace, O Lord, drawing
others into Your left
presence.

7:00
7:30
8:00
8:30
9:00
9:30
10:00
10:30
11:00
11:30
12:00
12:30
1:00
1:30
2:00
2:30
3:00
3:30
4:00
4:30
5:00
5:30
6:00
6:30
7:00
7:30
8:00
8:30
9:00
9:30
10:00

What
God
did
today

April 24

April 25

7:00
7:30
8:00
8:30
9:00
9:30
10:00
10:30
11:00
11:30
12:00
12:30
1:00
1:30
2:00
2:30
3:00
3:30
4:00
4:30
5:00
5:30
6:00
6:30
7:00
7:30
8:00
8:30
9:00
9:30
10:00

*May I be an instrument
of peace, O Lord, drawing
others into Your felt
presence.*

7:00
7:30
8:00
8:30
9:00
9:30
10:00
10:30
11:00
11:30
12:00
12:30
1:00
1:30
2:00
2:30
3:00
3:30
4:00
4:30
5:00
5:30
6:00
6:30
7:00
7:30
8:00
8:30
9:00
9:30
10:00

What
God
did
today

April 26

April 27

7:00
7:30
8:00
8:30
9:00
9:30
10:00
10:30
11:00
11:30
12:00
12:30
1:00
1:30
2:00
2:30
3:00
3:30
4:00
4:30
5:00
5:30
6:00
6:30
7:00
7:30
8:00
8:30
9:00
9:30
10:00

What
God
did
today

God's
word
for me
today

*May I be an instrument
of peace, O Lord, drawing
others into Your felt
presence.*

7:00
7:30
8:00
8:30
9:00
9:30
10:00
10:30
11:00
11:30
12:00
12:30
1:00
1:30
2:00
2:30
3:00
3:30
4:00
4:30
5:00
5:30
6:00
6:30
7:00
7:30
8:00
8:30
9:00
9:30
10:00

What
God
did
today

April 28

April 29

God's
word
for me
today

7:00
7:30
8:00
8:30
9:00
9:30
10:00
10:30
11:00
11:30
12:00
12:30
1:00
1:30
2:00
2:30
3:00
3:30
4:00
4:30
5:00
5:30
6:00
6:30
7:00
7:30
8:00
8:30
9:00
9:30
10:00

What
God
did
today

God's
word
for me
today

*May I be an instrument
of peace, O Lord, drawing
others into Your felt
presence.*

7:00
7:30
8:00
8:30
9:00
9:30
10:00
10:30
11:00
11:30
12:00
12:30
1:00
1:30
2:00
2:30
3:00
3:30
4:00
4:30
5:00
5:30
6:00
6:30
7:00
7:30
8:00
8:30
9:00
9:30
10:00

What
God
did
today

April 30

May

Sun	Mon	Tue	Wed	Thu	Fri	Sat

_... may my praise be a
pleasing aroma unto You,
O Lord, like sacred incense,
drawing Your glory near._

May 1

God's
word
for me
today

7:00
7:30
8:00
8:30
9:00
9:30
10:00
10:30
11:00
11:30
12:00
12:30
1:00
1:30
2:00
2:30
3:00
3:30
4:00
4:30
5:00
5:30
6:00
6:30
7:00
7:30
8:00
8:30
9:00
9:30
10:00

What
God
did
today

7:00
7:30
8:00
8:30
9:00
9:30
10:00
10:30
11:00
11:30
12:00
12:30
1:00
1:30
2:00
2:30
3:00
3:30
4:00
4:30
5:00
5:30
6:00
6:30
7:00
7:30
8:00
8:30
9:00
9:30
10:00

What
God
did
today

May 2

May 3

7:00
7:30
8:00
8:30
9:00
9:30
10:00
10:30
11:00
11:30
12:00
12:30
1:00
1:30
2:00
2:30
3:00
3:30
4:00
4:30
5:00
5:30
6:00
6:30
7:00
7:30
8:00
8:30
9:00
9:30
10:00

7:00
7:30
8:00
8:30
9:00
9:30
10:00
10:30
11:00
11:30
12:00
12:30
1:00
1:30
2:00
2:30
3:00
3:30
4:00
4:30
5:00
5:30
6:00
6:30
7:00
7:30
8:00
8:30
9:00
9:30
10:00

What
God
did
today

May 4

May 5

7:00
7:30
8:00
8:30
9:00
9:30
10:00
10:30
11:00
11:30
12:00
12:30
1:00
1:30
2:00
2:30
3:00
3:30
4:00
4:30
5:00
5:30
6:00
6:30
7:00
7:30
8:00
8:30
9:00
9:30
10:00

What
God
did
today

7:00
7:30
8:00
8:30
9:00
9:30
10:00
10:30
11:00
11:30
12:00
12:30
1:00
1:30
2:00
2:30
3:00
3:30
4:00
4:30
5:00
5:30
6:00
6:30
7:00
7:30
8:00
8:30
9:00
9:30
10:00

May my praise be a
pleasing aroma unto You,
O Lord, like sweet incense,
drawing Your glory near.

May 6

May 7

7:00
7:30
8:00
8:30
9:00
9:30
10:00
10:30
11:00
11:30
12:00
12:30
1:00
1:30
2:00
2:30
3:00
3:30
4:00
4:30
5:00
5:30
6:00
6:30
7:00
7:30
8:00
8:30
9:00
9:30
10:00

What
God
did
today

7:00
7:30
8:00
8:30
9:00
9:30
10:00
10:30
11:00
11:30
12:00
12:30
1:00
1:30
2:00
2:30
3:00
3:30
4:00
4:30
5:00
5:30
6:00
6:30
7:00
7:30
8:00
8:30
9:00
9:30
10:00

What
God
did
today

May 8

May 9

7:00
7:30
8:00
8:30
9:00
9:30
10:00
10:30
11:00
11:30
12:00
12:30
1:00
1:30
2:00
2:30
3:00
3:30
4:00
4:30
5:00
5:30
6:00
6:30
7:00
7:30
8:00
8:30
9:00
9:30
10:00

What
God
did
today

7:00
7:30
8:00
8:30
9:00
9:30
10:00
10:30
11:00
11:30
12:00
12:30
1:00
1:30
2:00
2:30
3:00
3:30
4:00
4:30
5:00
5:30
6:00
6:30
7:00
7:30
8:00
8:30
9:00
9:30
10:00

What
God
did
today

May 10

May 11

God's
word
for me
today

7:00
7:30
8:00
8:30
9:00
9:30
10:00
10:30
11:00
11:30
12:00
12:30
1:00
1:30
2:00
2:30
3:00
3:30
4:00
4:30
5:00
5:30
6:00
6:30
7:00
7:30
8:00
8:30
9:00
9:30
10:00

What
God
did
today

7:00
7:30
8:00
8:30
9:00
9:30
10:00
10:30
11:00
11:30
12:00
12:30
1:00
1:30
2:00
2:30
3:00
3:30
4:00
4:30
5:00
5:30
6:00
6:30
7:00
7:30
8:00
8:30
9:00
9:30
10:00

What
God
did
today

May 12

May my praise be a
pleasing aroma unto You,
O Lord, like sweet incense,
drawing Your glory near.

May 13

7:00
7:30
8:00
8:30
9:00
9:30
10:00
10:30
11:00
11:30
12:00
12:30
1:00
1:30
2:00
2:30
3:00
3:30
4:00
4:30
5:00
5:30
6:00
6:30
7:00
7:30
8:00
8:30
9:00
9:30
10:00

What
God
did
today

7:00
7:30
8:00
8:30
9:00
9:30
10:00
10:30
11:00
11:30
12:00
12:30
1:00
1:30
2:00
2:30
3:00
3:30
4:00
4:30
5:00
5:30
6:00
6:30
7:00
7:30
8:00
8:30
9:00
9:30
10:00

*May my praise be a
pleasing aroma unto You,
O Lord, like sweet incense
drawing Your glory near.*

May 14

May 15

7:00
7:30
8:00
8:30
9:00
9:30
10:00
10:30
11:00
11:30
12:00
12:30
1:00
1:30
2:00
2:30
3:00
3:30
4:00
4:30
5:00
5:30
6:00
6:30
7:00
7:30
8:00
8:30
9:00
9:30
10:00

What
God
did
today

7:00
7:30
8:00
8:30
9:00
9:30
10:00
10:30
11:00
11:30
12:00
12:30
1:00
1:30
2:00
2:30
3:00
3:30
4:00
4:30
5:00
5:30
6:00
6:30
7:00
7:30
8:00
8:30
9:00
9:30
10:00

What
God
did
today

May 16

May 17

God's
word
for me
today

7:00
7:30
8:00
8:30
9:00
9:30
10:00
10:30
11:00
11:30
12:00
12:30
1:00
1:30
2:00
2:30
3:00
3:30
4:00
4:30
5:00
5:30
6:00
6:30
7:00
7:30
8:00
8:30
9:00
9:30
10:00

What
God
did
today

God's
word
for me
today

7:00
7:30
8:00
8:30
9:00
9:30
10:00
10:30
11:00
11:30
12:00
12:30
1:00
1:30
2:00
2:30
3:00
3:30
4:00
4:30
5:00
5:30
6:00
6:30
7:00
7:30
8:00
8:30
9:00
9:30
10:00

What
God
did
today

May 18

May 19

God's
word
for me
today

7:00
7:30
8:00
8:30
9:00
9:30
10:00
10:30
11:00
11:30
12:00
12:30
1:00
1:30
2:00
2:30
3:00
3:30
4:00
4:30
5:00
5:30
6:00
6:30
7:00
7:30
8:00
8:30
9:00
9:30
10:00

What
God
did
today

God's
word
for me
today

7:00
7:30
8:00
8:30
9:00
9:30
10:00
10:30
11:00
11:30
12:00
12:30
1:00
1:30
2:00
2:30
3:00
3:30
4:00
4:30
5:00
5:30
6:00
6:30
7:00
7:30
8:00
8:30
9:00
9:30
10:00

What
God
did
today

May 20

May 21

7:00
7:30
8:00
8:30
9:00
9:30
10:00
10:30
11:00
11:30
12:00
12:30
1:00
1:30
2:00
2:30
3:00
3:30
4:00
4:30
5:00
5:30
6:00
6:30
7:00
7:30
8:00
8:30
9:00
9:30
10:00

What
God
did
today

7:00
7:30
8:00
8:30
9:00
9:30
10:00
10:30
11:00
11:30
12:00
12:30
1:00
1:30
2:00
2:30
3:00
3:30
4:00
4:30
5:00
5:30
6:00
6:30
7:00
7:30
8:00
8:30
9:00
9:30
10:00

*May my praise be a
pleasing aroma unto You,
O Lord, like sweet incense,
drawing Your glory near.*

What
God
did
today

May 22

May 23

God's
word
for me
today

7:00
7:30
8:00
8:30
9:00
9:30
10:00
10:30
11:00
11:30
12:00
12:30
1:00
1:30
2:00
2:30
3:00
3:30
4:00
4:30
5:00
5:30
6:00
6:30
7:00
7:30
8:00
8:30
9:00
9:30
10:00

What
God
did
today

7:00
7:30
8:00
8:30
9:00
9:30
10:00
10:30
11:00
11:30
12:00
12:30
1:00
1:30
2:00
2:30
3:00
3:30
4:00
4:30
5:00
5:30
6:00
6:30
7:00
7:30
8:00
8:30
9:00
9:30
10:00

What
God
did
today

May 24

May 25

7:00
7:30
8:00
8:30
9:00
9:30
10:00
10:30
11:00
11:30
12:00
12:30
1:00
1:30
2:00
2:30
3:00
3:30
4:00
4:30
5:00
5:30
6:00
6:30
7:00
7:30
8:00
8:30
9:00
9:30
10:00

7:00
7:30
8:00
8:30
9:00
9:30
10:00
10:30
11:00
11:30
12:00
12:30
1:00
1:30
2:00
2:30
3:00
3:30
4:00
4:30
5:00
5:30
6:00
6:30
7:00
7:30
8:00
8:30
9:00
9:30
10:00

What
God
did
today

May 26

May 27

God's
word
for me
today

7:00
7:30
8:00
8:30
9:00
9:30
10:00
10:30
11:00
11:30
12:00
12:30
1:00
1:30
2:00
2:30
3:00
3:30
4:00
4:30
5:00
5:30
6:00
6:30
7:00
7:30
8:00
8:30
9:00
9:30
10:00

What
God
did
today

God's
word
for me
today

7:00
7:30
8:00
8:30
9:00
9:30
10:00
10:30
11:00
11:30
12:00
12:30
1:00
1:30
2:00
2:30
3:00
3:30
4:00
4:30
5:00
5:30
6:00
6:30
7:00
7:30
8:00
8:30
9:00
9:30
10:00

What
God
did
today

May 28

May 29

7:00
7:30
8:00
8:30
9:00
9:30
10:00
10:30
11:00
11:30
12:00
12:30
1:00
1:30
2:00
2:30
3:00
3:30
4:00
4:30
5:00
5:30
6:00
6:30
7:00
7:30
8:00
8:30
9:00
9:30
10:00

What
God
did
today

7:00
7:30
8:00
8:30
9:00
9:30
10:00
10:30
11:00
11:30
12:00
12:30
1:00
1:30
2:00
2:30
3:00
3:30
4:00
4:30
5:00
5:30
6:00
6:30
7:00
7:30
8:00
8:30
9:00
9:30
10:00

What
God
did
today

May 30

May 31

God's
word
for me
today

7:00
7:30
8:00
8:30
9:00
9:30
10:00
10:30
11:00
11:30
12:00
12:30
1:00
1:30
2:00
2:30
3:00
3:30
4:00
4:30
5:00
5:30
6:00
6:30
7:00
7:30
8:00
8:30
9:00
9:30
10:00

What
God
did
today

Don't let me forget, O God,
what all this is for.

June

Sun	Mon	Tue	Wed	Thu	Fri	Sat

June 1

7:00
7:30
8:00
8:30
9:00
9:30
10:00
10:30
11:00
11:30
12:00
12:30
1:00
1:30
2:00
2:30
3:00
3:30
4:00
4:30
5:00
5:30
6:00
6:30
7:00
7:30
8:00
8:30
9:00
9:30
10:00

What
God
did
today

*Don't let me forget, O God,
what all this is for.*

God's
word
for me
today

7:00
7:30
8:00
8:30
9:00
9:30
10:00
10:30
11:00
11:30
12:00
12:30
1:00
1:30
2:00
2:30
3:00
3:30
4:00
4:30
5:00
5:30
6:00
6:30
7:00
7:30
8:00
8:30
9:00
9:30
10:00

What
God
did
today

June 2

June 3

God's
word
for me
today

7:00
7:30
8:00
8:30
9:00
9:30
10:00
10:30
11:00
11:30
12:00
12:30
1:00
1:30
2:00
2:30
3:00
3:30
4:00
4:30
5:00
5:30
6:00
6:30
7:00
7:30
8:00
8:30
9:00
9:30
10:00

What
God
did
today

Don't let me forget, O God,
what all this is for.

God's
word
for me
today

7:00
7:30
8:00
8:30
9:00
9:30
10:00
10:30
11:00
11:30
12:00
12:30
1:00
1:30
2:00
2:30
3:00
3:30
4:00
4:30
5:00
5:30
6:00
6:30
7:00
7:30
8:00
8:30
9:00
9:30
10:00

What
God
did
today

June 4

June 5

7:00
7:30
8:00
8:30
9:00
9:30
10:00
10:30
11:00
11:30
12:00
12:30
1:00
1:30
2:00
2:30
3:00
3:30
4:00
4:30
5:00
5:30
6:00
6:30
7:00
7:30
8:00
8:30
9:00
9:30
10:00

What
God
did
today

Don't let me forget, O God,
what all this is for.

God's
word
for me
today

7:00
7:30
8:00
8:30
9:00
9:30
10:00
10:30
11:00
11:30
12:00
12:30
1:00
1:30
2:00
2:30
3:00
3:30
4:00
4:30
5:00
5:30
6:00
6:30
7:00
7:30
8:00
8:30
9:00
9:30
10:00

What
God
did
today

June 6

June 7

7:00
7:30
8:00
8:30
9:00
9:30
10:00
10:30
11:00
11:30
12:00
12:30
1:00
1:30
2:00
2:30
3:00
3:30
4:00
4:30
5:00
5:30
6:00
6:30
7:00
7:30
8:00
8:30
9:00
9:30
10:00

What
God
did
today

*Don't let me forget, O God,
what all this is for.*

God's
word
for me
today

7:00
7:30
8:00
8:30
9:00
9:30
10:00
10:30
11:00
11:30
12:00
12:30
1:00
1:30
2:00
2:30
3:00
3:30
4:00
4:30
5:00
5:30
6:00
6:30
7:00
7:30
8:00
8:30
9:00
9:30
10:00

What
God
did
today

June 8

June 9

7:00
7:30
8:00
8:30
9:00
9:30
10:00
10:30
11:00
11:30
12:00
12:30
1:00
1:30
2:00
2:30
3:00
3:30
4:00
4:30
5:00
5:30
6:00
6:30
7:00
7:30
8:00
8:30
9:00
9:30
10:00

What
God
did
today

*Don't let me forget, O God,
what all this is for.*

7:00
7:30
8:00
8:30
9:00
9:30
10:00
10:30
11:00
11:30
12:00
12:30
1:00
1:30
2:00
2:30
3:00
3:30
4:00
4:30
5:00
5:30
6:00
6:30
7:00
7:30
8:00
8:30
9:00
9:30
10:00

What
God
did
today

June 10

June 11

God's
word
for me
today

7:00
7:30
8:00
8:30
9:00
9:30
10:00
10:30
11:00
11:30
12:00
12:30
1:00
1:30
2:00
2:30
3:00
3:30
4:00
4:30
5:00
5:30
6:00
6:30
7:00
7:30
8:00
8:30
9:00
9:30
10:00

What
God
did
today

*Don't let me forget, O God,
what all this is for.*

God's
word
for me
today

7:00
7:30
8:00
8:30
9:00
9:30
10:00
10:30
11:00
11:30
12:00
12:30
1:00
1:30
2:00
2:30
3:00
3:30
4:00
4:30
5:00
5:30
6:00
6:30
7:00
7:30
8:00
8:30
9:00
9:30
10:00

What
God
did
today

June 12

June 13

7:00
7:30
8:00
8:30
9:00
9:30
10:00
10:30
11:00
11:30
12:00
12:30
1:00
1:30
2:00
2:30
3:00
3:30
4:00
4:30
5:00
5:30
6:00
6:30
7:00
7:30
8:00
8:30
9:00
9:30
10:00

What
God
did
today

*Don't let me forget, O God,
what all this is for.*

7:00
7:30
8:00
8:30
9:00
9:30
10:00
10:30
11:00
11:30
12:00
12:30
1:00
1:30
2:00
2:30
3:00
3:30
4:00
4:30
5:00
5:30
6:00
6:30
7:00
7:30
8:00
8:30
9:00
9:30
10:00

June 14

June 15

7:00
7:30
8:00
8:30
9:00
9:30
10:00
10:30
11:00
11:30
12:00
12:30
1:00
1:30
2:00
2:30
3:00
3:30
4:00
4:30
5:00
5:30
6:00
6:30
7:00
7:30
8:00
8:30
9:00
9:30
10:00

What
God
did
today

*Don't let me forget, O God,
what all this is for.*

God's
word
for me
today

7:00
7:30
8:00
8:30
9:00
9:30
10:00
10:30
11:00
11:30
12:00
12:30
1:00
1:30
2:00
2:30
3:00
3:30
4:00
4:30
5:00
5:30
6:00
6:30
7:00
7:30
8:00
8:30
9:00
9:30
10:00

What
God
did
today

June 16

June 17

God's
word
for me
today

7:00
7:30
8:00
8:30
9:00
9:30
10:00
10:30
11:00
11:30
12:00
12:30
1:00
1:30
2:00
2:30
3:00
3:30
4:00
4:30
5:00
5:30
6:00
6:30
7:00
7:30
8:00
8:30
9:00
9:30
10:00

What
God
did
today

*Don't let me forget, O God,
what all this is for.*

God's
word
for me
today

7:00
7:30
8:00
8:30
9:00
9:30
10:00
10:30
11:00
11:30
12:00
12:30
1:00
1:30
2:00
2:30
3:00
3:30
4:00
4:30
5:00
5:30
6:00
6:30
7:00
7:30
8:00
8:30
9:00
9:30
10:00

What
God
did
today

June 18

June 19

7:00
7:30
8:00
8:30
9:00
9:30
10:00
10:30
11:00
11:30
12:00
12:30
1:00
1:30
2:00
2:30
3:00
3:30
4:00
4:30
5:00
5:30
6:00
6:30
7:00
7:30
8:00
8:30
9:00
9:30
10:00

What
God
did
today

Don't let me forget, O God,
what all this is for.

God's
word
for me
today

7:00
7:30
8:00
8:30
9:00
9:30
10:00
10:30
11:00
11:30
12:00
12:30
1:00
1:30
2:00
2:30
3:00
3:30
4:00
4:30
5:00
5:30
6:00
6:30
7:00
7:30
8:00
8:30
9:00
9:30
10:00

What
God
did
today

June 20

June 21

7:00
7:30
8:00
8:30
9:00
9:30
10:00
10:30
11:00
11:30
12:00
12:30
1:00
1:30
2:00
2:30
3:00
3:30
4:00
4:30
5:00
5:30
6:00
6:30
7:00
7:30
8:00
8:30
9:00
9:30
10:00

What
God
did
today

*Don't let me forget, O God,
what all this is for.*

God's
word
for me
today

7:00
7:30
8:00
8:30
9:00
9:30
10:00
10:30
11:00
11:30
12:00
12:30
1:00
1:30
2:00
2:30
3:00
3:30
4:00
4:30
5:00
5:30
6:00
6:30
7:00
7:30
8:00
8:30
9:00
9:30
10:00

What
God
did
today

June 22

June 23

7:00
7:30
8:00
8:30
9:00
9:30
10:00
10:30
11:00
11:30
12:00
12:30
1:00
1:30
2:00
2:30
3:00
3:30
4:00
4:30
5:00
5:30
6:00
6:30
7:00
7:30
8:00
8:30
9:00
9:30
10:00

What
God
did
today

*Don't let me forget, O God,
what all this is for.*

God's
word
for me
today

7:00
7:30
8:00
8:30
9:00
9:30
10:00
10:30
11:00
11:30
12:00
12:30
1:00
1:30
2:00
2:30
3:00
3:30
4:00
4:30
5:00
5:30
6:00
6:30
7:00
7:30
8:00
8:30
9:00
9:30
10:00

What
God
did
today

June 24

June 25

God's
word
for me
today

7:00
7:30
8:00
8:30
9:00
9:30
10:00
10:30
11:00
11:30
12:00
12:30
1:00
1:30
2:00
2:30
3:00
3:30
4:00
4:30
5:00
5:30
6:00
6:30
7:00
7:30
8:00
8:30
9:00
9:30
10:00

What
God
did
today

*Don't let me forget, O God,
what all this is for.*

God's
word
for me
today

7:00
7:30
8:00
8:30
9:00
9:30
10:00
10:30
11:00
11:30
12:00
12:30
1:00
1:30
2:00
2:30
3:00
3:30
4:00
4:30
5:00
5:30
6:00
6:30
7:00
7:30
8:00
8:30
9:00
9:30
10:00

What
God
did
today

June 26

June 27

7:00
7:30
8:00
8:30
9:00
9:30
10:00
10:30
11:00
11:30
12:00
12:30
1:00
1:30
2:00
2:30
3:00
3:30
4:00
4:30
5:00
5:30
6:00
6:30
7:00
7:30
8:00
8:30
9:00
9:30
10:00

What
God
did
today

*Don't let me forget, O God,
what all this is for.*

God's
word
for me
today

7:00
7:30
8:00
8:30
9:00
9:30
10:00
10:30
11:00
11:30
12:00
12:30
1:00
1:30
2:00
2:30
3:00
3:30
4:00
4:30
5:00
5:30
6:00
6:30
7:00
7:30
8:00
8:30
9:00
9:30
10:00

What
God
did
today

June 28

June 29

7:00
7:30
8:00
8:30
9:00
9:30
10:00
10:30
11:00
11:30
12:00
12:30
1:00
1:30
2:00
2:30
3:00
3:30
4:00
4:30
5:00
5:30
6:00
6:30
7:00
7:30
8:00
8:30
9:00
9:30
10:00

What
God
did
today

Don't let me forget, O God,
what all this is for.

God's
word
for me
today

7:00
7:30
8:00
8:30
9:00
9:30
10:00
10:30
11:00
11:30
12:00
12:30
1:00
1:30
2:00
2:30
3:00
3:30
4:00
4:30
5:00
5:30
6:00
6:30
7:00
7:30
8:00
8:30
9:00
9:30
10:00

What
God
did
today

June 30

Spark in me a thirst, O God, for more of You.

July

Sun	Mon	Tue	Wed	Thu	Fri	Sat

July 1

God's
word
for me
today

7:00
7:30
8:00
8:30
9:00
9:30
10:00
10:30
11:00
11:30
12:00
12:30
1:00
1:30
2:00
2:30
3:00
3:30
4:00
4:30
5:00
5:30
6:00
6:30
7:00
7:30
8:00
8:30
9:00
9:30
10:00

Spark in me a thirst, O God, for more of You.

What
God
did
today

7:00
7:30
8:00
8:30
9:00
9:30
10:00
10:30
11:00
11:30
12:00
12:30
1:00
1:30
2:00
2:30
3:00
3:30
4:00
4:30
5:00
5:30
6:00
6:30
7:00
7:30
8:00
8:30
9:00
9:30
10:00

What
God
did
today

July 2

July 3

7:00
7:30
8:00
8:30
9:00
9:30
10:00
10:30
11:00
11:30
12:00
12:30
1:00
1:30
2:00
2:30
3:00
3:30
4:00
4:30
5:00
5:30
6:00
6:30
7:00
7:30
8:00
8:30
9:00
9:30
10:00

Spark in me a thirst, O God, for more of You.

What
God
did
today

7:00
7:30
8:00
8:30
9:00
9:30
10:00
10:30
11:00
11:30
12:00
12:30
1:00
1:30
2:00
2:30
3:00
3:30
4:00
4:30
5:00
5:30
6:00
6:30
7:00
7:30
8:00
8:30
9:00
9:30
10:00

What
God
did
today

July 4

July 5

God's
word
for me
today

7:00
7:30
8:00
8:30
9:00
9:30
10:00
10:30
11:00
11:30
12:00
12:30
1:00
1:30
2:00
2:30
3:00
3:30
4:00
4:30
5:00
5:30
6:00
6:30
7:00
7:30
8:00
8:30
9:00
9:30
10:00

Spark in me a thirst, O
God, for more of You.

What
God
did
today

7:00
7:30
8:00
8:30
9:00
9:30
10:00
10:30
11:00
11:30
12:00
12:30
1:00
1:30
2:00
2:30
3:00
3:30
4:00
4:30
5:00
5:30
6:00
6:30
7:00
7:30
8:00
8:30
9:00
9:30
10:00

What
God
did
today

July 6

July 7

7:00
7:30
8:00
8:30
9:00
9:30
10:00
10:30
11:00
11:30
12:00
12:30
1:00
1:30
2:00
2:30
3:00
3:30
4:00
4:30
5:00
5:30
6:00
6:30
7:00
7:30
8:00
8:30
9:00
9:30
10:00

*Spark in me a thirst, O
God, for more of You.*

What
God
did
today

7:00
7:30
8:00
8:30
9:00
9:30
10:00
10:30
11:00
11:30
12:00
12:30
1:00
1:30
2:00
2:30
3:00
3:30
4:00
4:30
5:00
5:30
6:00
6:30
7:00
7:30
8:00
8:30
9:00
9:30
10:00

What
God
did
today

July 8

July 9

7:00
7:30
8:00
8:30
9:00
9:30
10:00
10:30
11:00
11:30
12:00
12:30
1:00
1:30
2:00
2:30
3:00
3:30
4:00
4:30
5:00
5:30
6:00
6:30
7:00
7:30
8:00
8:30
9:00
9:30
10:00

Spark in me a thirst, O God, for more of You.

God's
word
for me
today

7:00
7:30
8:00
8:30
9:00
9:30
10:00
10:30
11:00
11:30
12:00
12:30
1:00
1:30
2:00
2:30
3:00
3:30
4:00
4:30
5:00
5:30
6:00
6:30
7:00
7:30
8:00
8:30
9:00
9:30
10:00

What
God
did
today

July 10

July 11

7:00
7:30
8:00
8:30
9:00
9:30
10:00
10:30
11:00
11:30
12:00
12:30
1:00
1:30
2:00
2:30
3:00
3:30
4:00
4:30
5:00
5:30
6:00
6:30
7:00
7:30
8:00
8:30
9:00
9:30
10:00

*Spark in me a thirst, O
God, for more of You.*

What
God
did
today

God's
word
for me
today

7:00
7:30
8:00
8:30
9:00
9:30
10:00
10:30
11:00
11:30
12:00
12:30
1:00
1:30
2:00
2:30
3:00
3:30
4:00
4:30
5:00
5:30
6:00
6:30
7:00
7:30
8:00
8:30
9:00
9:30
10:00

What
God
did
today

July 12

July 13

God's
word
for me
today

7:00
7:30
8:00
8:30
9:00
9:30
10:00
10:30
11:00
11:30
12:00
12:30
1:00
1:30
2:00
2:30
3:00
3:30
4:00
4:30
5:00
5:30
6:00
6:30
7:00
7:30
8:00
8:30
9:00
9:30
10:00

Spark in me a thirst, O God, for more of You.

What
God
did
today

7:00
7:30
8:00
8:30
9:00
9:30
10:00
10:30
11:00
11:30
12:00
12:30
1:00
1:30
2:00
2:30
3:00
3:30
4:00
4:30
5:00
5:30
6:00
6:30
7:00
7:30
8:00
8:30
9:00
9:30
10:00

What
God
did
today

July 14

July 15

7:00
7:30
8:00
8:30
9:00
9:30
10:00
10:30
11:00
11:30
12:00
12:30
1:00
1:30
2:00
2:30
3:00
3:30
4:00
4:30
5:00
5:30
6:00
6:30
7:00
7:30
8:00
8:30
9:00
9:30
10:00

Spark in me a thirst, O God, for more of You.

What
God
did
today

7:00
7:30
8:00
8:30
9:00
9:30
10:00
10:30
11:00
11:30
12:00
12:30
1:00
1:30
2:00
2:30
3:00
3:30
4:00
4:30
5:00
5:30
6:00
6:30
7:00
7:30
8:00
8:30
9:00
9:30
10:00

What
God
did
today

July 16

July 17

7:00
7:30
8:00
8:30
9:00
9:30
10:00
10:30
11:00
11:30
12:00
12:30
1:00
1:30
2:00
2:30
3:00
3:30
4:00
4:30
5:00
5:30
6:00
6:30
7:00
7:30
8:00
8:30
9:00
9:30
10:00

Spark in me a thirst, O God, for more of You.

What
God
did
today

7:00
7:30
8:00
8:30
9:00
9:30
10:00
10:30
11:00
11:30
12:00
12:30
1:00
1:30
2:00
2:30
3:00
3:30
4:00
4:30
5:00
5:30
6:00
6:30
7:00
7:30
8:00
8:30
9:00
9:30
10:00

What
God
did
today

July 18

July 19

God's
word
for me
today

7:00
7:30
8:00
8:30
9:00
9:30
10:00
10:30
11:00
11:30
12:00
12:30
1:00
1:30
2:00
2:30
3:00
3:30
4:00
4:30
5:00
5:30
6:00
6:30
7:00
7:30
8:00
8:30
9:00
9:30
10:00

*Spark in me a thirst, O
God, for more of You.*

What
God
did
today

7:00
7:30
8:00
8:30
9:00
9:30
10:00
10:30
11:00
11:30
12:00
12:30
1:00
1:30
2:00
2:30
3:00
3:30
4:00
4:30
5:00
5:30
6:00
6:30
7:00
7:30
8:00
8:30
9:00
9:30
10:00

What
God
did
today

July 20

July 21

7:00
7:30
8:00
8:30
9:00
9:30
10:00
10:30
11:00
11:30
12:00
12:30
1:00
1:30
2:00
2:30
3:00
3:30
4:00
4:30
5:00
5:30
6:00
6:30
7:00
7:30
8:00
8:30
9:00
9:30
10:00

Spark in me a thirst, O God, for more of You.

What
God
did
today

7:00
7:30
8:00
8:30
9:00
9:30
10:00
10:30
11:00
11:30
12:00
12:30
1:00
1:30
2:00
2:30
3:00
3:30
4:00
4:30
5:00
5:30
6:00
6:30
7:00
7:30
8:00
8:30
9:00
9:30
10:00

What
God
did
today

July 22

July 23

7:00
7:30
8:00
8:30
9:00
9:30
10:00
10:30
11:00
11:30
12:00
12:30
1:00
1:30
2:00
2:30
3:00
3:30
4:00
4:30
5:00
5:30
6:00
6:30
7:00
7:30
8:00
8:30
9:00
9:30
10:00

Spark in me a thirst, O God, for more of You.

What
God
did
today

God's
word
for me
today

7:00
7:30
8:00
8:30
9:00
9:30
10:00
10:30
11:00
11:30
12:00
12:30
1:00
1:30
2:00
2:30
3:00
3:30
4:00
4:30
5:00
5:30
6:00
6:30
7:00
7:30
8:00
8:30
9:00
9:30
10:00

What
God
did
today

July 24

July 25

7:00
7:30
8:00
8:30
9:00
9:30
10:00
10:30
11:00
11:30
12:00
12:30
1:00
1:30
2:00
2:30
3:00
3:30
4:00
4:30
5:00
5:30
6:00
6:30
7:00
7:30
8:00
8:30
9:00
9:30
10:00

Spark in me a thirst, O
God, for more of You.

What
God
did
today

7:00
7:30
8:00
8:30
9:00
9:30
10:00
10:30
11:00
11:30
12:00
12:30
1:00
1:30
2:00
2:30
3:00
3:30
4:00
4:30
5:00
5:30
6:00
6:30
7:00
7:30
8:00
8:30
9:00
9:30
10:00

What
God
did
today

July 27

God's
word
for me
today

7:00
7:30
8:00
8:30
9:00
9:30
10:00
10:30
11:00
11:30
12:00
12:30
1:00
1:30
2:00
2:30
3:00
3:30
4:00
4:30
5:00
5:30
6:00
6:30
7:00
7:30
8:00
8:30
9:00
9:30
10:00

Spark in me a thirst, O God, for more of You.

What
God
did
today

7:00
7:30
8:00
8:30
9:00
9:30
10:00
10:30
11:00
11:30
12:00
12:30
1:00
1:30
2:00
2:30
3:00
3:30
4:00
4:30
5:00
5:30
6:00
6:30
7:00
7:30
8:00
8:30
9:00
9:30
10:00

What
God
did
today

July 28

July 29

7:00
7:30
8:00
8:30
9:00
9:30
10:00
10:30
11:00
11:30
12:00
12:30
1:00
1:30
2:00
2:30
3:00
3:30
4:00
4:30
5:00
5:30
6:00
6:30
7:00
7:30
8:00
8:30
9:00
9:30
10:00

*Spark in me a thirst, O
God, for more of You.*

What
God
did
today

God's
word
for me
today

7:00
7:30
8:00
8:30
9:00
9:30
10:00
10:30
11:00
11:30
12:00
12:30
1:00
1:30
2:00
2:30
3:00
3:30
4:00
4:30
5:00
5:30
6:00
6:30
7:00
7:30
8:00
8:30
9:00
9:30
10:00

What
God
did
today

July 30

July 31

God's
word
for me
today

7:00
7:30
8:00
8:30
9:00
9:30
10:00
10:30
11:00
11:30
12:00
12:30
1:00
1:30
2:00
2:30
3:00
3:30
4:00
4:30
5:00
5:30
6:00
6:30
7:00
7:30
8:00
8:30
9:00
9:30
10:00

Spark in me a thirst, O God, for more of You.

What
God
did
today

As we worship You
and intercede, come
quickly, Lord, and set
us free. Break down
every wall, and draw
us into You.

August

Sun	Mon	Tue	Wed	Thu	Fri	Sat

August 1

God's
word
for me
today

7:00
7:30
8:00
8:30
9:00
9:30
10:00
10:30
11:00
11:30
12:00
12:30
1:00
1:30
2:00
2:30
3:00
3:30
4:00
4:30
5:00
5:30
6:00
6:30
7:00
7:30
8:00
8:30
9:00
9:30
10:00

What
God
did
today

*As we worship You
and intercede, come
quickly, Lord, and set
us free. Break down
every wall, and draw
us into You.*

God's
word
for me
today

7:00
7:30
8:00
8:30
9:00
9:30
10:00
10:30
11:00
11:30
12:00
12:30
1:00
1:30
2:00
2:30
3:00
3:30
4:00
4:30
5:00
5:30
6:00
6:30
7:00
7:30
8:00
8:30
9:00
9:30
10:00

What
God
did
today

August 2

August 3

7:00
7:30
8:00
8:30
9:00
9:30
10:00
10:30
11:00
11:30
12:00
12:30
1:00
1:30
2:00
2:30
3:00
3:30
4:00
4:30
5:00
5:30
6:00
6:30
7:00
7:30
8:00
8:30
9:00
9:30
10:00

As we worship You
and intercede, come
quickly, Lord, and set
us free. Break down
every wall, and draw
us into You.

God's
word
for me
today

7:00
7:30
8:00
8:30
9:00
9:30
10:00
10:30
11:00
11:30
12:00
12:30
1:00
1:30
2:00
2:30
3:00
3:30
4:00
4:30
5:00
5:30
6:00
6:30
7:00
7:30
8:00
8:30
9:00
9:30
10:00

What
God
did
today

August 4

August 5

God's
word
for me
today

7:00
7:30
8:00
8:30
9:00
9:30
10:00
10:30
11:00
11:30
12:00
12:30
1:00
1:30
2:00
2:30
3:00
3:30
4:00
4:30
5:00
5:30
6:00
6:30
7:00
7:30
8:00
8:30
9:00
9:30
10:00

What
God
did
today

As we worship You and intercede, come quickly, Lord, and set us free. Break down every wall, and draw us into You.

God's
word
for me
today

7:00
7:30
8:00
8:30
9:00
9:30
10:00
10:30
11:00
11:30
12:00
12:30
1:00
1:30
2:00
2:30
3:00
3:30
4:00
4:30
5:00
5:30
6:00
6:30
7:00
7:30
8:00
8:30
9:00
9:30
10:00

What
God
did
today

August 6

August 7

7:00
7:30
8:00
8:30
9:00
9:30
10:00
10:30
11:00
11:30
12:00
12:30
1:00
1:30
2:00
2:30
3:00
3:30
4:00
4:30
5:00
5:30
6:00
6:30
7:00
7:30
8:00
8:30
9:00
9:30
10:00

As we worship You
and intecede, come
quickly, Lord, and set
us free. Break down
every wall, and draw
us into You.

What
God
did
today

God's
word
for me
today

7:00
7:30
8:00
8:30
9:00
9:30
10:00
10:30
11:00
11:30
12:00
12:30
1:00
1:30
2:00
2:30
3:00
3:30
4:00
4:30
5:00
5:30
6:00
6:30
7:00
7:30
8:00
8:30
9:00
9:30
10:00

What
God
did
today

August 8

August 9

7:00
7:30
8:00
8:30
9:00
9:30
10:00
10:30
11:00
11:30
12:00
12:30
1:00
1:30
2:00
2:30
3:00
3:30
4:00
4:30
5:00
5:30
6:00
6:30
7:00
7:30
8:00
8:30
9:00
9:30
10:00

As we worship You and intercede, come quickly, Lord, and set us free. Break down every wall, and draw us into You.

What
God
did
today

God's
word
for me
today

7:00
7:30
8:00
8:30
9:00
9:30
10:00
10:30
11:00
11:30
12:00
12:30
1:00
1:30
2:00
2:30
3:00
3:30
4:00
4:30
5:00
5:30
6:00
6:30
7:00
7:30
8:00
8:30
9:00
9:30
10:00

What
God
did
today

August 10

August 11

7:00
7:30
8:00
8:30
9:00
9:30
10:00
10:30
11:00
11:30
12:00
12:30
1:00
1:30
2:00
2:30
3:00
3:30
4:00
4:30
5:00
5:30
6:00
6:30
7:00
7:30
8:00
8:30
9:00
9:30
10:00

As we worship You
and intercede, come
quickly, Lord, and set
us free. Break down
every wall, and draw
us into You.

What
God
did
today

7:00
7:30
8:00
8:30
9:00
9:30
10:00
10:30
11:00
11:30
12:00
12:30
1:00
1:30
2:00
2:30
3:00
3:30
4:00
4:30
5:00
5:30
6:00
6:30
7:00
7:30
8:00
8:30
9:00
9:30
10:00

What
God
did
today

August 12

August 13

7:00
7:30
8:00
8:30
9:00
9:30
10:00
10:30
11:00
11:30
12:00
12:30
1:00
1:30
2:00
2:30
3:00
3:30
4:00
4:30
5:00
5:30
6:00
6:30
7:00
7:30
8:00
8:30
9:00
9:30
10:00

As we worship You
and intercede, come
quickly, Lord, and set
us free. Break down
every wall, and draw
us into You.

God's
word
for me
today

7:00
7:30
8:00
8:30
9:00
9:30
10:00
10:30
11:00
11:30
12:00
12:30
1:00
1:30
2:00
2:30
3:00
3:30
4:00
4:30
5:00
5:30
6:00
6:30
7:00
7:30
8:00
8:30
9:00
9:30
10:00

What
God
did
today

August 14

August 15

7:00
7:30
8:00
8:30
9:00
9:30
10:00
10:30
11:00
11:30
12:00
12:30
1:00
1:30
2:00
2:30
3:00
3:30
4:00
4:30
5:00
5:30
6:00
6:30
7:00
7:30
8:00
8:30
9:00
9:30
10:00

As we worship You
and intercede, come
quickly, Lord, and set
us free. Break down
every wall, and draw
us into You.

What
God
did
today

God's
word
for me
today

7:00
7:30
8:00
8:30
9:00
9:30
10:00
10:30
11:00
11:30
12:00
12:30
1:00
1:30
2:00
2:30
3:00
3:30
4:00
4:30
5:00
5:30
6:00
6:30
7:00
7:30
8:00
8:30
9:00
9:30
10:00

What
God
did
today

August 16

August 17

7:00
7:30
8:00
8:30
9:00
9:30
10:00
10:30
11:00
11:30
12:00
12:30
1:00
1:30
2:00
2:30
3:00
3:30
4:00
4:30
5:00
5:30
6:00
6:30
7:00
7:30
8:00
8:30
9:00
9:30
10:00

As we worship You
and intercede, come
quickly, Lord, and set
us free. Break down
every wall, and draw
us into You.

What
God
did
today

God's
word
for me
today

7:00
7:30
8:00
8:30
9:00
9:30
10:00
10:30
11:00
11:30
12:00
12:30
1:00
1:30
2:00
2:30
3:00
3:30
4:00
4:30
5:00
5:30
6:00
6:30
7:00
7:30
8:00
8:30
9:00
9:30
10:00

What
God
did
today

August 18

August 19

7:00
7:30
8:00
8:30
9:00
9:30
10:00
10:30
11:00
11:30
12:00
12:30
1:00
1:30
2:00
2:30
3:00
3:30
4:00
4:30
5:00
5:30
6:00
6:30
7:00
7:30
8:00
8:30
9:00
9:30
10:00

As we worship You
and intercede, come
quickly, Lord, and set
us free. Break down
every wall, and draw
us into You.

What
God
did
today

7:00
7:30
8:00
8:30
9:00
9:30
10:00
10:30
11:00
11:30
12:00
12:30
1:00
1:30
2:00
2:30
3:00
3:30
4:00
4:30
5:00
5:30
6:00
6:30
7:00
7:30
8:00
8:30
9:00
9:30
10:00

What
God
did
today

August 20

August 21

7:00
7:30
8:00
8:30
9:00
9:30
10:00
10:30
11:00
11:30
12:00
12:30
1:00
1:30
2:00
2:30
3:00
3:30
4:00
4:30
5:00
5:30
6:00
6:30
7:00
7:30
8:00
8:30
9:00
9:30
10:00

*As we worship You
and intercede, come
quickly, Lord, and set
us free. Break down
every wall, and draw
us into You.*

7:00
7:30
8:00
8:30
9:00
9:30
10:00
10:30
11:00
11:30
12:00
12:30
1:00
1:30
2:00
2:30
3:00
3:30
4:00
4:30
5:00
5:30
6:00
6:30
7:00
7:30
8:00
8:30
9:00
9:30
10:00

What
God
did
today

August 22

August 23

7:00
7:30
8:00
8:30
9:00
9:30
10:00
10:30
11:00
11:30
12:00
12:30
1:00
1:30
2:00
2:30
3:00
3:30
4:00
4:30
5:00
5:30
6:00
6:30
7:00
7:30
8:00
8:30
9:00
9:30
10:00

As we worship You
and intercede, come
quickly, Lord, and set
us free. Break down
every wall, and draw
us into You.

What
God
did
today

7:00
7:30
8:00
8:30
9:00
9:30
10:00
10:30
11:00
11:30
12:00
12:30
1:00
1:30
2:00
2:30
3:00
3:30
4:00
4:30
5:00
5:30
6:00
6:30
7:00
7:30
8:00
8:30
9:00
9:30
10:00

What
God
did
today

August 24

August 25

7:00
7:30
8:00
8:30
9:00
9:30
10:00
10:30
11:00
11:30
12:00
12:30
1:00
1:30
2:00
2:30
3:00
3:30
4:00
4:30
5:00
5:30
6:00
6:30
7:00
7:30
8:00
8:30
9:00
9:30
10:00

*As we worship You
and intercede, come
quickly, Lord, and set
us free. Break down
every wall, and draw
us into You.*

God's
word
for me
today

7:00
7:30
8:00
8:30
9:00
9:30
10:00
10:30
11:00
11:30
12:00
12:30
1:00
1:30
2:00
2:30
3:00
3:30
4:00
4:30
5:00
5:30
6:00
6:30
7:00
7:30
8:00
8:30
9:00
9:30
10:00

What
God
did
today

August 26

God's
word
for me
today

7:00
7:30
8:00
8:30
9:00
9:30
10:00
10:30
11:00
11:30
12:00
12:30
1:00
1:30
2:00
2:30
3:00
3:30
4:00
4:30
5:00
5:30
6:00
6:30
7:00
7:30
8:00
8:30
9:00
9:30
10:00

What
God
did
today

*As we worship You
and intercede, come
quickly, Lord, and set
us free. Break down
every wall, and draw
us into You.*

7:00
7:30
8:00
8:30
9:00
9:30
10:00
10:30
11:00
11:30
12:00
12:30
1:00
1:30
2:00
2:30
3:00
3:30
4:00
4:30
5:00
5:30
6:00
6:30
7:00
7:30
8:00
8:30
9:00
9:30
10:00

What
God
did
today

August 28

August 29

7:00
7:30
8:00
8:30
9:00
9:30
10:00
10:30
11:00
11:30
12:00
12:30
1:00
1:30
2:00
2:30
3:00
3:30
4:00
4:30
5:00
5:30
6:00
6:30
7:00
7:30
8:00
8:30
9:00
9:30
10:00

As we worship You
and intercede, come
quickly, Lord, and set
us free. Break down
every wall, and draw
us into You.

What
God
did
today

God's
word
for me
today

7:00
7:30
8:00
8:30
9:00
9:30
10:00
10:30
11:00
11:30
12:00
12:30
1:00
1:30
2:00
2:30
3:00
3:30
4:00
4:30
5:00
5:30
6:00
6:30
7:00
7:30
8:00
8:30
9:00
9:30
10:00

What
God
did
today

August 30

August 31

7:00
7:30
8:00
8:30
9:00
9:30
10:00
10:30
11:00
11:30
12:00
12:30
1:00
1:30
2:00
2:30
3:00
3:30
4:00
4:30
5:00
5:30
6:00
6:30
7:00
7:30
8:00
8:30
9:00
9:30
10:00

*As we worship You
and intercede, come
quickly, Lord, and set
us free. Break down
every wall, and draw
us into You.*

What
God
did
today

Give me a thankful heart, O God. May I never tire of bringing You praise.

September

Sun	Mon	Tue	Wed	Thu	Fri	Sat

God's
word
for me
today

7:00
7:30
8:00
8:30
9:00
9:30
10:00
10:30
11:00
11:30
12:00
12:30
1:00
1:30
2:00
2:30
3:00
3:30
4:00
4:30
5:00
5:30
6:00
6:30
7:00
7:30
8:00
8:30
9:00
9:30
10:00

Give me a thankful heart, O
God. May I never tire of
bringing You praise.

What
God
did
today

7:00
7:30
8:00
8:30
9:00
9:30
10:00
10:30
11:00
11:30
12:00
12:30
1:00
1:30
2:00
2:30
3:00
3:30
4:00
4:30
5:00
5:30
6:00
6:30
7:00
7:30
8:00
8:30
9:00
9:30
10:00

What
God
did
today

September 2

September 3

God's
word
for me
today

7:00
7:30
8:00
8:30
9:00
9:30
10:00
10:30
11:00
11:30
12:00
12:30
1:00
1:30
2:00
2:30
3:00
3:30
4:00
4:30
5:00
5:30
6:00
6:30
7:00
7:30
8:00
8:30
9:00
9:30
10:00

Give me a thankful heart, O God. May I never tire of bringing You praise.

What
God
did
today

7:00
7:30
8:00
8:30
9:00
9:30
10:00
10:30
11:00
11:30
12:00
12:30
1:00
1:30
2:00
2:30
3:00
3:30
4:00
4:30
5:00
5:30
6:00
6:30
7:00
7:30
8:00
8:30
9:00
9:30
10:00

What
God
did
today

September 4

September 5

God's
word
for me
today

7:00
7:30
8:00
8:30
9:00
9:30
10:00
10:30
11:00
11:30
12:00
12:30
1:00
1:30
2:00
2:30
3:00
3:30
4:00
4:30
5:00
5:30
6:00
6:30
7:00
7:30
8:00
8:30
9:00
9:30
10:00

Give me a thankful heart, O
God. May I never tire of
bringing You praise.

What
God
did
today

7:00
7:30
8:00
8:30
9:00
9:30
10:00
10:30
11:00
11:30
12:00
12:30
1:00
1:30
2:00
2:30
3:00
3:30
4:00
4:30
5:00
5:30
6:00
6:30
7:00
7:30
8:00
8:30
9:00
9:30
10:00

September 6

God's
word
for me
today

7:00
7:30
8:00
8:30
9:00
9:30
10:00
10:30
11:00
11:30
12:00
12:30
1:00
1:30
2:00
2:30
3:00
3:30
4:00
4:30
5:00
5:30
6:00
6:30
7:00
7:30
8:00
8:30
9:00
9:30
10:00

Give me a thankful heart, O
God. May I never tire of
bringing You praise.

God's
word
for me
today

7:00
7:30
8:00
8:30
9:00
9:30
10:00
10:30
11:00
11:30
12:00
12:30
1:00
1:30
2:00
2:30
3:00
3:30
4:00
4:30
5:00
5:30
6:00
6:30
7:00
7:30
8:00
8:30
9:00
9:30
10:00

What
God
did
today

Septemb

September 9

7:00
7:30
8:00
8:30
9:00
9:30
10:00
10:30
11:00
11:30
12:00
12:30
1:00
1:30
2:00
2:30
3:00
3:30
4:00
4:30
5:00
5:30
6:00
6:30
7:00
7:30
8:00
8:30
9:00
9:30
10:00

Give me a thankful heart, O God. May I never tire of bringing You praise.

What
God
did

7:00
7:30
8:00
8:30
9:00
9:30
10:00
10:30
11:00
11:30
12:00
12:30
1:00
1:30
2:00
2:30
3:00
3:30
4:00
4:30
5:00
5:30
6:00
6:30
7:00
7:30
8:00
8:30
9:00
9:30
10:00

What
God
did
today

September 1

September 11

7:00
7:30
8:00
8:30
9:00
9:30
10:00
10:30
11:00
11:30
12:00
12:30
1:00
1:30
2:00
2:30
3:00
3:30
4:00
4:30
5:00
5:30
6:00
6:30
7:00
7:30
8:00
8:30
9:00
9:30
10:00

Give me a thankful heart, O
God. May I never tire of
bringing You praise.

What
God
did

7:00
7:30
8:00
8:30
9:00
9:30
10:00
10:30
11:00
11:30
12:00
12:30
1:00
1:30
2:00
2:30
3:00
3:30
4:00
4:30
5:00
5:30
6:00
6:30
7:00
7:30
8:00
8:30
9:00
9:30
10:00

What
God
did
today

September 12

September 13

7:00
7:30
8:00
8:30
9:00
9:30
10:00
10:30
11:00
11:30
12:00
12:30
1:00
1:30
2:00
2:30
3:00
3:30
4:00
4:30
5:00
5:30
6:00
6:30
7:00
7:30
8:00
8:30
9:00
9:30
10:00

Give me a thankful heart, O
God. May I never tire of
bringing You praise.

What
God
did
today

7:00
7:30
8:00
8:30
9:00
9:30
10:00
10:30
11:00
11:30
12:00
12:30
1:00
1:30
2:00
2:30
3:00
3:30
4:00
4:30
5:00
5:30
6:00
6:30
7:00
7:30
8:00
8:30
9:00
9:30
10:00

What
God
did
today

September 14

September 15

7:00
7:30
8:00
8:30
9:00
9:30
10:00
10:30
11:00
11:30
12:00
12:30
1:00
1:30
2:00
2:30
3:00
3:30
4:00
4:30
5:00
5:30
6:00
6:30
7:00
7:30
8:00
8:30
9:00
9:30
10:00

Give me a thankful heart, O God. May I never tire of bringing You praise.

What
God
did
today

7:00
7:30
8:00
8:30
9:00
9:30
10:00
10:30
11:00
11:30
12:00
12:30
1:00
1:30
2:00
2:30
3:00
3:30
4:00
4:30
5:00
5:30
6:00
6:30
7:00
7:30
8:00
8:30
9:00
9:30
10:00

What
God
did
today

September 16

God's
word
for me
today

7:00
7:30
8:00
8:30
9:00
9:30
10:00
10:30
11:00
11:30
12:00
12:30
1:00
1:30
2:00
2:30
3:00
3:30
4:00
4:30
5:00
5:30
6:00
6:30
7:00
7:30
8:00
8:30
9:00
9:30
10:00

Give me a thankful heart, O
God. May I never tire of
bringing You praise.

What
God
did
today

7:00
7:30
8:00
8:30
9:00
9:30
10:00
10:30
11:00
11:30
12:00
12:30
1:00
1:30
2:00
2:30
3:00
3:30
4:00
4:30
5:00
5:30
6:00
6:30
7:00
7:30
8:00
8:30
9:00
9:30
10:00

What
God
did
today

September 18

God's
word
for me
today

7:00
7:30
8:00
8:30
9:00
9:30
10:00
10:30
11:00
11:30
12:00
12:30
1:00
1:30
2:00
2:30
3:00
3:30
4:00
4:30
5:00
5:30
6:00
6:30
7:00
7:30
8:00
8:30
9:00
9:30
10:00

Give me a thankful heart, O
God. May I never tire of
bringing You praise.

What
God
did
today

God's
word
for me
today

7:00
7:30
8:00
8:30
9:00
9:30
10:00
10:30
11:00
11:30
12:00
12:30
1:00
1:30
2:00
2:30
3:00
3:30
4:00
4:30
5:00
5:30
6:00
6:30
7:00
7:30
8:00
8:30
9:00
9:30
10:00

What
God
did
today

September 20

September 21

God's
word
for me
today

7:00
7:30
8:00
8:30
9:00
9:30
10:00
10:30
11:00
11:30
12:00
12:30
1:00
1:30
2:00
2:30
3:00
3:30
4:00
4:30
5:00
5:30
6:00
6:30
7:00
7:30
8:00
8:30
9:00
9:30
10:00

Give me a thankful heart, O
God. May I never tire of
bringing You praise.

What
God
did
today

God's
word
for me
today

7:00
7:30
8:00
8:30
9:00
9:30
10:00
10:30
11:00
11:30
12:00
12:30
1:00
1:30
2:00
2:30
3:00
3:30
4:00
4:30
5:00
5:30
6:00
6:30
7:00
7:30
8:00
8:30
9:00
9:30
10:00

What
God
did
today

September 22

September 23

God's
word
for me
today

7:00
7:30
8:00
8:30
9:00
9:30
10:00
10:30
11:00
11:30
12:00
12:30
1:00
1:30
2:00
2:30
3:00
3:30
4:00
4:30
5:00
5:30
6:00
6:30
7:00
7:30
8:00
8:30
9:00
9:30
10:00

*Give me a thankful heart, O
God. May I never tire of
bringing You praise.*

What
God
did
today

God's
word
for me
today

7:00
7:30
8:00
8:30
9:00
9:30
10:00
10:30
11:00
11:30
12:00
12:30
1:00
1:30
2:00
2:30
3:00
3:30
4:00
4:30
5:00
5:30
6:00
6:30
7:00
7:30
8:00
8:30
9:00
9:30
10:00

What
God
did
today

September 24

September 25

God's
word
for me
today

7:00
7:30
8:00
8:30
9:00
9:30
10:00
10:30
11:00
11:30
12:00
12:30
1:00
1:30
2:00
2:30
3:00
3:30
4:00
4:30
5:00
5:30
6:00
6:30
7:00
7:30
8:00
8:30
9:00
9:30
10:00

Give me a thankful heart, O God. May I never tire of bringing You praise.

What
God
did
today

7:00
7:30
8:00
8:30
9:00
9:30
10:00
10:30
11:00
11:30
12:00
12:30
1:00
1:30
2:00
2:30
3:00
3:30
4:00
4:30
5:00
5:30
6:00
6:30
7:00
7:30
8:00
8:30
9:00
9:30
10:00

What
God
did
today

September 26

September 27

7:00
7:30
8:00
8:30
9:00
9:30
10:00
10:30
11:00
11:30
12:00
12:30
1:00
1:30
2:00
2:30
3:00
3:30
4:00
4:30
5:00
5:30
6:00
6:30
7:00
7:30
8:00
8:30
9:00
9:30
10:00

*Give me a thankful heart, O
God. May I never tire of
bringing You praise.*

What
God
did
today

7:00
7:30
8:00
8:30
9:00
9:30
10:00
10:30
11:00
11:30
12:00
12:30
1:00
1:30
2:00
2:30
3:00
3:30
4:00
4:30
5:00
5:30
6:00
6:30
7:00
7:30
8:00
8:30
9:00
9:30
10:00

What
God
did
today

September 28

September 29

7:00
7:30
8:00
8:30
9:00
9:30
10:00
10:30
11:00
11:30
12:00
12:30
1:00
1:30
2:00
2:30
3:00
3:30
4:00
4:30
5:00
5:30
6:00
6:30
7:00
7:30
8:00
8:30
9:00
9:30
10:00

*Give me a thankful heart, O
God. May I never tire of
bringing You praise.*

What
God
did
today

7:00
7:30
8:00
8:30
9:00
9:30
10:00
10:30
11:00
11:30
12:00
12:30
1:00
1:30
2:00
2:30
3:00
3:30
4:00
4:30
5:00
5:30
6:00
6:30
7:00
7:30
8:00
8:30
9:00
9:30
10:00

What
God
did
today

September 30

I will not be silent, O Lord.
With impunity of our misfortunes I do
know thou wilt I make this

October

Sun	Mon	Tue	Wed	Thu	Fri	Sat

October 1

7:00
7:30
8:00
8:30
9:00
9:30
10:00
10:30
11:00
11:30
12:00
12:30
1:00
1:30
2:00
2:30
3:00
3:30
4:00
4:30
5:00
5:30
6:00
6:30
7:00
7:30
8:00
8:30
9:00
9:30
10:00

What
God
did
today

God's
word
for me
today

7:00
7:30
8:00
8:30
9:00
9:30
10:00
10:30
11:00
11:30
12:00
12:30
1:00
1:30
2:00
2:30
3:00
3:30
4:00
4:30
5:00
5:30
6:00
6:30
7:00
7:30
8:00
8:30
9:00
9:30
10:00

What
God
did
today

October 2

October 3

God's
word
for me
today

7:00
7:30
8:00
8:30
9:00
9:30
10:00
10:30
11:00
11:30
12:00
12:30
1:00
1:30
2:00
2:30
3:00
3:30
4:00
4:30
5:00
5:30
6:00
6:30
7:00
7:30
8:00
8:30
9:00
9:30
10:00

What
God
did
today

7:00
7:30
8:00
8:30
9:00
9:30
10:00
10:30
11:00
11:30
12:00
12:30
1:00
1:30
2:00
2:30
3:00
3:30
4:00
4:30
5:00
5:30
6:00
6:30
7:00
7:30
8:00
8:30
9:00
9:30
10:00

What
God
did
today

October 4

October 5

God's
word
for me
today

7:00
7:30
8:00
8:30
9:00
9:30
10:00
10:30
11:00
11:30
12:00
12:30
1:00
1:30
2:00
2:30
3:00
3:30
4:00
4:30
5:00
5:30
6:00
6:30
7:00
7:30
8:00
8:30
9:00
9:30
10:00

What
God
did
today

7:00
7:30
8:00
8:30
9:00
9:30
10:00
10:30
11:00
11:30
12:00
12:30
1:00
1:30
2:00
2:30
3:00
3:30
4:00
4:30
5:00
5:30
6:00
6:30
7:00
7:30
8:00
8:30
9:00
9:30
10:00

What
God
did
today

October 6

October 7

God's
word
for me
today

7:00
7:30
8:00
8:30
9:00
9:30
10:00
10:30
11:00
11:30
12:00
12:30
1:00
1:30
2:00
2:30
3:00
3:30
4:00
4:30
5:00
5:30
6:00
6:30
7:00
7:30
8:00
8:30
9:00
9:30
10:00

What
God
did
today

7:00
7:30
8:00
8:30
9:00
9:30
10:00
10:30
11:00
11:30
12:00
12:30
1:00
1:30
2:00
2:30
3:00
3:30
4:00
4:30
5:00
5:30
6:00
6:30
7:00
7:30
8:00
8:30
9:00
9:30
10:00

What
God
did
today

October 9

God's
word
for me
today

7:00
7:30
8:00
8:30
9:00
9:30
10:00
10:30
11:00
11:30
12:00
12:30
1:00
1:30
2:00
2:30
3:00
3:30
4:00
4:30
5:00
5:30
6:00
6:30
7:00
7:30
8:00
8:30
9:00
9:30
10:00

What
God
did
today

God's
word
for me
today

7:00
7:30
8:00
8:30
9:00
9:30
10:00
10:30
11:00
11:30
12:00
12:30
1:00
1:30
2:00
2:30
3:00
3:30
4:00
4:30
5:00
5:30
6:00
6:30
7:00
7:30
8:00
8:30
9:00
9:30
10:00

What
God
did
today

October 10

October 11

God's
word
for me
today

7:00
7:30
8:00
8:30
9:00
9:30
10:00
10:30
11:00
11:30
12:00
12:30
1:00
1:30
2:00
2:30
3:00
3:30
4:00
4:30
5:00
5:30
6:00
6:30
7:00
7:30
8:00
8:30
9:00
9:30
10:00

What
God
did
today

7:00
7:30
8:00
8:30
9:00
9:30
10:00
10:30
11:00
11:30
12:00
12:30
1:00
1:30
2:00
2:30
3:00
3:30
4:00
4:30
5:00
5:30
6:00
6:30
7:00
7:30
8:00
8:30
9:00
9:30
10:00

October 12

October 13

7:00
7:30
8:00
8:30
9:00
9:30
10:00
10:30
11:00
11:30
12:00
12:30
1:00
1:30
2:00
2:30
3:00
3:30
4:00
4:30
5:00
5:30
6:00
6:30
7:00
7:30
8:00
8:30
9:00
9:30
10:00

What
God
did
today

7:00
7:30
8:00
8:30
9:00
9:30
10:00
10:30
11:00
11:30
12:00
12:30
1:00
1:30
2:00
2:30
3:00
3:30
4:00
4:30
5:00
5:30
6:00
6:30
7:00
7:30
8:00
8:30
9:00
9:30
10:00

What
God
did
today

October 14

October 15

7:00
7:30
8:00
8:30
9:00
9:30
10:00
10:30
11:00
11:30
12:00
12:30
1:00
1:30
2:00
2:30
3:00
3:30
4:00
4:30
5:00
5:30
6:00
6:30
7:00
7:30
8:00
8:30
9:00
9:30
10:00

What
God
did
today

God's
word
for me
today

7:00
7:30
8:00
8:30
9:00
9:30
10:00
10:30
11:00
11:30
12:00
12:30
1:00
1:30
2:00
2:30
3:00
3:30
4:00
4:30
5:00
5:30
6:00
6:30
7:00
7:30
8:00
8:30
9:00
9:30
10:00

What
God
did
today

October 16

October 17

God's
word
for me
today

7:00
7:30
8:00
8:30
9:00
9:30
10:00
10:30
11:00
11:30
12:00
12:30
1:00
1:30
2:00
2:30
3:00
3:30
4:00
4:30
5:00
5:30
6:00
6:30
7:00
7:30
8:00
8:30
9:00
9:30
10:00

What
God
did
today

God's
word
for me
today

7:00
7:30
8:00
8:30
9:00
9:30
10:00
10:30
11:00
11:30
12:00
12:30
1:00
1:30
2:00
2:30
3:00
3:30
4:00
4:30
5:00
5:30
6:00
6:30
7:00
7:30
8:00
8:30
9:00
9:30
10:00

What
God
did
today

October 18

October 19

God's
word
for me
today

7:00
7:30
8:00
8:30
9:00
9:30
10:00
10:30
11:00
11:30
12:00
12:30
1:00
1:30
2:00
2:30
3:00
3:30
4:00
4:30
5:00
5:30
6:00
6:30
7:00
7:30
8:00
8:30
9:00
9:30
10:00

What
God
did
today

God's
word
for me
today

7:00
7:30
8:00
8:30
9:00
9:30
10:00
10:30
11:00
11:30
12:00
12:30
1:00
1:30
2:00
2:30
3:00
3:30
4:00
4:30
5:00
5:30
6:00
6:30
7:00
7:30
8:00
8:30
9:00
9:30
10:00

What
God
did
today

October 20

October 21

7:00
7:30
8:00
8:30
9:00
9:30
10:00
10:30
11:00
11:30
12:00
12:30
1:00
1:30
2:00
2:30
3:00
3:30
4:00
4:30
5:00
5:30
6:00
6:30
7:00
7:30
8:00
8:30
9:00
9:30
10:00

What
God
did
today

God's
word
for me
today

7:00
7:30
8:00
8:30
9:00
9:30
10:00
10:30
11:00
11:30
12:00
12:30
1:00
1:30
2:00
2:30
3:00
3:30
4:00
4:30
5:00
5:30
6:00
6:30
7:00
7:30
8:00
8:30
9:00
9:30
10:00

What
God
did
today

October 22

October 23

God's
word
for me
today

7:00
7:30
8:00
8:30
9:00
9:30
10:00
10:30
11:00
11:30
12:00
12:30
1:00
1:30
2:00
2:30
3:00
3:30
4:00
4:30
5:00
5:30
6:00
6:30
7:00
7:30
8:00
8:30
9:00
9:30
10:00

What
God
did
today

God's
word
for me
today

7:00
7:30
8:00
8:30
9:00
9:30
10:00
10:30
11:00
11:30
12:00
12:30
1:00
1:30
2:00
2:30
3:00
3:30
4:00
4:30
5:00
5:30
6:00
6:30
7:00
7:30
8:00
8:30
9:00
9:30
10:00

What
God
did
today

October 24

October 25

7:00
7:30
8:00
8:30
9:00
9:30
10:00
10:30
11:00
11:30
12:00
12:30
1:00
1:30
2:00
2:30
3:00
3:30
4:00
4:30
5:00
5:30
6:00
6:30
7:00
7:30
8:00
8:30
9:00
9:30
10:00

God's
word
for me
today

7:00
7:30
8:00
8:30
9:00
9:30
10:00
10:30
11:00
11:30
12:00
12:30
1:00
1:30
2:00
2:30
3:00
3:30
4:00
4:30
5:00
5:30
6:00
6:30
7:00
7:30
8:00
8:30
9:00
9:30
10:00

What
God
did
today

October 26

October 27

7:00
7:30
8:00
8:30
9:00
9:30
10:00
10:30
11:00
11:30
12:00
12:30
1:00
1:30
2:00
2:30
3:00
3:30
4:00
4:30
5:00
5:30
6:00
6:30
7:00
7:30
8:00
8:30
9:00
9:30
10:00

What
God
did
today

God's
word
for me
today

7:00
7:30
8:00
8:30
9:00
9:30
10:00
10:30
11:00
11:30
12:00
12:30
1:00
1:30
2:00
2:30
3:00
3:30
4:00
4:30
5:00
5:30
6:00
6:30
7:00
7:30
8:00
8:30
9:00
9:30
10:00

What
God
did
today

October 28

October 29

7:00
7:30
8:00
8:30
9:00
9:30
10:00
10:30
11:00
11:30
12:00
12:30
1:00
1:30
2:00
2:30
3:00
3:30
4:00
4:30
5:00
5:30
6:00
6:30
7:00
7:30
8:00
8:30
9:00
9:30
10:00

7:00
7:30
8:00
8:30
9:00
9:30
10:00
10:30
11:00
11:30
12:00
12:30
1:00
1:30
2:00
2:30
3:00
3:30
4:00
4:30
5:00
5:30
6:00
6:30
7:00
7:30
8:00
8:30
9:00
9:30
10:00

October 30

October 31

7:00
7:30
8:00
8:30
9:00
9:30
10:00
10:30
11:00
11:30
12:00
12:30
1:00
1:30
2:00
2:30
3:00
3:30
4:00
4:30
5:00
5:30
6:00
6:30
7:00
7:30
8:00
8:30
9:00
9:30
10:00

What
God
did
today

Teach me, O God, to
dance through life in
step with You, and
soar over trials on the
wings of Your love.

November

Sun	Mon	Tue	Wed	Thu	Fri	Sat

November 1

*Teach me, O God, to
dance through life in
step with You, and
soar over trials on the
wings of Your love.*

7:00
7:30
8:00
8:30
9:00
9:30
10:00
10:30
11:00
11:30
12:00
12:30
1:00
1:30
2:00
2:30
3:00
3:30
4:00
4:30
5:00
5:30
6:00
6:30
7:00
7:30
8:00
8:30
9:00
9:30
10:00

What
God
did
today

7:00
7:30
8:00
8:30
9:00
9:30
10:00
10:30
11:00
11:30
12:00
12:30
1:00
1:30
2:00
2:30
3:00
3:30
4:00
4:30
5:00
5:30
6:00
6:30
7:00
7:30
8:00
8:30
9:00
9:30
10:00

What
God
did
today

November 2

November 3

God's
word
for me
today

7:00
7:30
8:00
8:30
9:00
9:30
10:00
10:30
11:00
11:30
12:00
12:30
1:00
1:30
2:00
2:30
3:00
3:30
4:00
4:30
5:00
5:30
6:00
6:30
7:00
7:30
8:00
8:30
9:00
9:30
10:00

What
God
did
today

Teach me, O God, to dance through life in step with You, and soar over trials on the wings of Your love.

7:00
7:30
8:00
8:30
9:00
9:30
10:00
10:30
11:00
11:30
12:00
12:30
1:00
1:30
2:00
2:30
3:00
3:30
4:00
4:30
5:00
5:30
6:00
6:30
7:00
7:30
8:00
8:30
9:00
9:30
10:00

What
God
did
today

November 4

November 5

God's
word
for me
today

7:00
7:30
8:00
8:30
9:00
9:30
10:00
10:30
11:00
11:30
12:00
12:30
1:00
1:30
2:00
2:30
3:00
3:30
4:00
4:30
5:00
5:30
6:00
6:30
7:00
7:30
8:00
8:30
9:00
9:30
10:00

What
God
did
today

*Teach me, O God, to
dance through life in
step with You, and
soar over trials on the
wings of Your love.*

7:00
7:30
8:00
8:30
9:00
9:30
10:00
10:30
11:00
11:30
12:00
12:30
1:00
1:30
2:00
2:30
3:00
3:30
4:00
4:30
5:00
5:30
6:00
6:30
7:00
7:30
8:00
8:30
9:00
9:30
10:00

What
God
did
today

November 6

November 7

Teach me, O God, to
dance through life in
step with You, and
soar over trials on the
wings of Your love.

7:00
7:30
8:00
8:30
9:00
9:30
10:00
10:30
11:00
11:30
12:00
12:30
1:00
1:30
2:00
2:30
3:00
3:30
4:00
4:30
5:00
5:30
6:00
6:30
7:00
7:30
8:00
8:30
9:00
9:30
10:00

What
God
did
today

God's
word
for me
today

7:00
7:30
8:00
8:30
9:00
9:30
10:00
10:30
11:00
11:30
12:00
12:30
1:00
1:30
2:00
2:30
3:00
3:30
4:00
4:30
5:00
5:30
6:00
6:30
7:00
7:30
8:00
8:30
9:00
9:30
10:00

What
God
did
today

November 8

November 9

God's
word
for me
today

Teach me, O God, to
dance through life in
step with You, and
soar over trials on the
wings of Your love.

7:00
7:30
8:00
8:30
9:00
9:30
10:00
10:30
11:00
11:30
12:00
12:30
1:00
1:30
2:00
2:30
3:00
3:30
4:00
4:30
5:00
5:30
6:00
6:30
7:00
7:30
8:00
8:30
9:00
9:30
10:00

What
God
did
today

God's
word
for me
today

7:00
7:30
8:00
8:30
9:00
9:30
10:00
10:30
11:00
11:30
12:00
12:30
1:00
1:30
2:00
2:30
3:00
3:30
4:00
4:30
5:00
5:30
6:00
6:30
7:00
7:30
8:00
8:30
9:00
9:30
10:00

What
God
did
today

November 10

November 11

*Teach me, O God, to
dance through life in
step with You, and
soar over trials on the
wings of Your love.*

7:00
7:30
8:00
8:30
9:00
9:30
10:00
10:30
11:00
11:30
12:00
12:30
1:00
1:30
2:00
2:30
3:00
3:30
4:00
4:30
5:00
5:30
6:00
6:30
7:00
7:30
8:00
8:30
9:00
9:30
10:00

What
God
did
today

God's
word
for me
today

7:00
7:30
8:00
8:30
9:00
9:30
10:00
10:30
11:00
11:30
12:00
12:30
1:00
1:30
2:00
2:30
3:00
3:30
4:00
4:30
5:00
5:30
6:00
6:30
7:00
7:30
8:00
8:30
9:00
9:30
10:00

What
God
did
today

November 12

November 13

God's
word
for me
today

Teach me, O God, to
dance through life in
step with You, and
soar over trials on the
wings of Your love.

7:00
7:30
8:00
8:30
9:00
9:30
10:00
10:30
11:00
11:30
12:00
12:30
1:00
1:30
2:00
2:30
3:00
3:30
4:00
4:30
5:00
5:30
6:00
6:30
7:00
7:30
8:00
8:30
9:00
9:30
10:00

What
God
did
today

7:00
7:30
8:00
8:30
9:00
9:30
10:00
10:30
11:00
11:30
12:00
12:30
1:00
1:30
2:00
2:30
3:00
3:30
4:00
4:30
5:00
5:30
6:00
6:30
7:00
7:30
8:00
8:30
9:00
9:30
10:00

What
God
did
today

November 14

November 15

God's
word
for me
today

7:00
7:30
8:00
8:30
9:00
9:30
10:00
10:30
11:00
11:30
12:00
12:30
1:00
1:30
2:00
2:30
3:00
3:30
4:00
4:30
5:00
5:30
6:00
6:30
7:00
7:30
8:00
8:30
9:00
9:30
10:00

What
God
did
today

Teach me, O God, to dance through life in step with You, and soar over trials on the wings of Your love.

God's
word
for me
today

7:00
7:30
8:00
8:30
9:00
9:30
10:00
10:30
11:00
11:30
12:00
12:30
1:00
1:30
2:00
2:30
3:00
3:30
4:00
4:30
5:00
5:30
6:00
6:30
7:00
7:30
8:00
8:30
9:00
9:30
10:00

What
God
did
today

November 16

November 17

God's
word
for me
today

*Teach me, O God, to
dance through life in
step with You, and
soar over trials on the
wings of Your love.*

7:00
7:30
8:00
8:30
9:00
9:30
10:00
10:30
11:00
11:30
12:00
12:30
1:00
1:30
2:00
2:30
3:00
3:30
4:00
4:30
5:00
5:30
6:00
6:30
7:00
7:30
8:00
8:30
9:00
9:30
10:00

What
God
did
today

7:00
7:30
8:00
8:30
9:00
9:30
10:00
10:30
11:00
11:30
12:00
12:30
1:00
1:30
2:00
2:30
3:00
3:30
4:00
4:30
5:00
5:30
6:00
6:30
7:00
7:30
8:00
8:30
9:00
9:30
10:00

What
God
did
today

November 18

God's
word
for me
today

*Teach me, O God, to
dance through life in
step with You, and
soar over trials on the
wings of Your love.*

7:00
7:30
8:00
8:30
9:00
9:30
10:00
10:30
11:00
11:30
12:00
12:30
1:00
1:30
2:00
2:30
3:00
3:30
4:00
4:30
5:00
5:30
6:00
6:30
7:00
7:30
8:00
8:30
9:00
9:30
10:00

What
God
did
today

7:00
7:30
8:00
8:30
9:00
9:30
10:00
10:30
11:00
11:30
12:00
12:30
1:00
1:30
2:00
2:30
3:00
3:30
4:00
4:30
5:00
5:30
6:00
6:30
7:00
7:30
8:00
8:30
9:00
9:30
10:00

What
God
did
today

November 20

November 21

God's
word
for me
today

Teach me, O God, to
dance through life in
step with You, and
soar over trials on the
wings of Your love.

7:00
7:30
8:00
8:30
9:00
9:30
10:00
10:30
11:00
11:30
12:00
12:30
1:00
1:30
2:00
2:30
3:00
3:30
4:00
4:30
5:00
5:30
6:00
6:30
7:00
7:30
8:00
8:30
9:00
9:30
10:00

What
God
did
today

7:00
7:30
8:00
8:30
9:00
9:30
10:00
10:30
11:00
11:30
12:00
12:30
1:00
1:30
2:00
2:30
3:00
3:30
4:00
4:30
5:00
5:30
6:00
6:30
7:00
7:30
8:00
8:30
9:00
9:30
10:00

What
God
did
today

November 22

November 23

God's
word
for me
today

*Teach me, O God, to
dance through life in
step with You, and
soar over trials on the
wings of Your love.*

7:00
7:30
8:00
8:30
9:00
9:30
10:00
10:30
11:00
11:30
12:00
12:30
1:00
1:30
2:00
2:30
3:00
3:30
4:00
4:30
5:00
5:30
6:00
6:30
7:00
7:30
8:00
8:30
9:00
9:30
10:00

What
God
did
today

7:00
7:30
8:00
8:30
9:00
9:30
10:00
10:30
11:00
11:30
12:00
12:30
1:00
1:30
2:00
2:30
3:00
3:30
4:00
4:30
5:00
5:30
6:00
6:30
7:00
7:30
8:00
8:30
9:00
9:30
10:00

What
God
did
today

November 24

November 25

God's
word
for me
today

Teach me, O God, to
dance through life in
step with You, and
soar over trials on the
wings of Your love.

7:00
7:30
8:00
8:30
9:00
9:30
10:00
10:30
11:00
11:30
12:00
12:30
1:00
1:30
2:00
2:30
3:00
3:30
4:00
4:30
5:00
5:30
6:00
6:30
7:00
7:30
8:00
8:30
9:00
9:30
10:00

What
God
did
today

God's
word
for me
today

7:00
7:30
8:00
8:30
9:00
9:30
10:00
10:30
11:00
11:30
12:00
12:30
1:00
1:30
2:00
2:30
3:00
3:30
4:00
4:30
5:00
5:30
6:00
6:30
7:00
7:30
8:00
8:30
9:00
9:30
10:00

What
God
did
today

November 26

God's
word
for me
today

*Teach me, O God, to
dance through life in
step with You, and
soar over trials on the
wings of Your love.*

7:00
7:30
8:00
8:30
9:00
9:30
10:00
10:30
11:00
11:30
12:00
12:30
1:00
1:30
2:00
2:30
3:00
3:30
4:00
4:30
5:00
5:30
6:00
6:30
7:00
7:30
8:00
8:30
9:00
9:30
10:00

What
God
did
today

7:00
7:30
8:00
8:30
9:00
9:30
10:00
10:30
11:00
11:30
12:00
12:30
1:00
1:30
2:00
2:30
3:00
3:30
4:00
4:30
5:00
5:30
6:00
6:30
7:00
7:30
8:00
8:30
9:00
9:30
10:00

What
God
did
today

November 28

November 29

Teach me, O God, to
dance through life in
step with You, and
soar over trials on the
wings of Your love.

7:00
7:30
8:00
8:30
9:00
9:30
10:00
10:30
11:00
11:30
12:00
12:30
1:00
1:30
2:00
2:30
3:00
3:30
4:00
4:30
5:00
5:30
6:00
6:30
7:00
7:30
8:00
8:30
9:00
9:30
10:00

What
God
did
today

God's
word
for me
today

7:00
7:30
8:00
8:30
9:00
9:30
10:00
10:30
11:00
11:30
12:00
12:30
1:00
1:30
2:00
2:30
3:00
3:30
4:00
4:30
5:00
5:30
6:00
6:30
7:00
7:30
8:00
8:30
9:00
9:30
10:00

What
God
did
today

November 30

As I worship You, O God, delight
me with Your love. Do something
glorious, like only You can do, and
leave me in awe of You.

December

Sun	Mon	Tue	Wed	Thu	Fri	Sat

December 1

7:00
7:30
8:00
8:30
9:00
9:30
10:00
10:30
11:00
11:30
12:00
12:30
1:00
1:30
2:00
2:30
3:00
3:30
4:00
4:30
5:00
5:30
6:00
6:30
7:00
7:30
8:00
8:30
9:00
9:30
10:00

As I worship You, O God, delight
me with Your love. Do something
glorious, like only You can do, and
leave me in awe of You.

What
God
did
today

7:00
7:30
8:00
8:30
9:00
9:30
10:00
10:30
11:00
11:30
12:00
12:30
1:00
1:30
2:00
2:30
3:00
3:30
4:00
4:30
5:00
5:30
6:00
6:30
7:00
7:30
8:00
8:30
9:00
9:30
10:00

What
God
did
today

December 3

7:00
7:30
8:00
8:30
9:00
9:30
10:00
10:30
11:00
11:30
12:00
12:30
1:00
1:30
2:00
2:30
3:00
3:30
4:00
4:30
5:00
5:30
6:00
6:30
7:00
7:30
8:00
8:30
9:00
9:30
10:00

As I worship You, O God, delight
me with Your love. Do something
glorious, like only You can do, and
leave me in awe of You.

What
God
did
today

7:00
7:30
8:00
8:30
9:00
9:30
10:00
10:30
11:00
11:30
12:00
12:30
1:00
1:30
2:00
2:30
3:00
3:30
4:00
4:30
5:00
5:30
6:00
6:30
7:00
7:30
8:00
8:30
9:00
9:30
10:00

What
God
did
today

December 5

7:00
7:30
8:00
8:30
9:00
9:30
10:00
10:30
11:00
11:30
12:00
12:30
1:00
1:30
2:00
2:30
3:00
3:30
4:00
4:30
5:00
5:30
6:00
6:30
7:00
7:30
8:00
8:30
9:00
9:30
10:00

As I worship You, O God, delight
me with Your love. Do something
glorious, like only You can do, and
leave me in awe of You.

7:00
7:30
8:00
8:30
9:00
9:30
10:00
10:30
11:00
11:30
12:00
12:30
1:00
1:30
2:00
2:30
3:00
3:30
4:00
4:30
5:00
5:30
6:00
6:30
7:00
7:30
8:00
8:30
9:00
9:30
10:00

What
God
did
today

December 6

*God's
word
for me
today*

7:00
7:30
8:00
8:30
9:00
9:30
10:00
10:30
11:00
11:30
12:00
12:30
1:00
1:30
2:00
2:30
3:00
3:30
4:00
4:30
5:00
5:30
6:00
6:30
7:00
7:30
8:00
8:30
9:00
9:30
10:00

*As I worship You, O God, delight
me with Your love. Do something
glorious, like only You can do, and
leave me in awe of You.*

*What
God
did
today*

7:00
7:30
8:00
8:30
9:00
9:30
10:00
10:30
11:00
11:30
12:00
12:30
1:00
1:30
2:00
2:30
3:00
3:30
4:00
4:30
5:00
5:30
6:00
6:30
7:00
7:30
8:00
8:30
9:00
9:30
10:00

What
God
did
today

December 8

December 9

7:00
7:30
8:00
8:30
9:00
9:30
10:00
10:30
11:00
11:30
12:00
12:30
1:00
1:30
2:00
2:30
3:00
3:30
4:00
4:30
5:00
5:30
6:00
6:30
7:00
7:30
8:00
8:30
9:00
9:30
10:00

*As I worship You, O God, delight
me with Your love. Do something
glorious, like only You can do, and
leave me in awe of You.*

What
God
did
today

7:00
7:30
8:00
8:30
9:00
9:30
10:00
10:30
11:00
11:30
12:00
12:30
1:00
1:30
2:00
2:30
3:00
3:30
4:00
4:30
5:00
5:30
6:00
6:30
7:00
7:30
8:00
8:30
9:00
9:30
10:00

What
God
did
today

December 10

December 11

7:00
7:30
8:00
8:30
9:00
9:30
10:00
10:30
11:00
11:30
12:00
12:30
1:00
1:30
2:00
2:30
3:00
3:30
4:00
4:30
5:00
5:30
6:00
6:30
7:00
7:30
8:00
8:30
9:00
9:30
10:00

*As I worship You, O God, delight
me with Your love. Do something
glorious, like only You can do, and
leave me in awe of You.*

7:00
7:30
8:00
8:30
9:00
9:30
10:00
10:30
11:00
11:30
12:00
12:30
1:00
1:30
2:00
2:30
3:00
3:30
4:00
4:30
5:00
5:30
6:00
6:30
7:00
7:30
8:00
8:30
9:00
9:30
10:00

What
God
did
today

December 12

December 13

God's
word
for me
today

7:00
7:30
8:00
8:30
9:00
9:30
10:00
10:30
11:00
11:30
12:00
12:30
1:00
1:30
2:00
2:30
3:00
3:30
4:00
4:30
5:00
5:30
6:00
6:30
7:00
7:30
8:00
8:30
9:00
9:30
10:00

As I worship You, O God, delight
me with Your love. Do something
glorious, like only You can do, and
leave me in awe of You.

What
God
did
today

God's
word
for me
today

7:00
7:30
8:00
8:30
9:00
9:30
10:00
10:30
11:00
11:30
12:00
12:30
1:00
1:30
2:00
2:30
3:00
3:30
4:00
4:30
5:00
5:30
6:00
6:30
7:00
7:30
8:00
8:30
9:00
9:30
10:00

What
God
did
today

December 14

God's
word
for me
today

7:00
7:30
8:00
8:30
9:00
9:30
10:00
10:30
11:00
11:30
12:00
12:30
1:00
1:30
2:00
2:30
3:00
3:30
4:00
4:30
5:00
5:30
6:00
6:30
7:00
7:30
8:00
8:30
9:00
9:30
10:00

As I worship You, O God, delight
me with Your love. Do something
glorious, like only You can do, and
leave me in awe of You.

What
God
did
today

7:00
7:30
8:00
8:30
9:00
9:30
10:00
10:30
11:00
11:30
12:00
12:30
1:00
1:30
2:00
2:30
3:00
3:30
4:00
4:30
5:00
5:30
6:00
6:30
7:00
7:30
8:00
8:30
9:00
9:30
10:00

What
God
did
today

December 16

December 17

7:00
7:30
8:00
8:30
9:00
9:30
10:00
10:30
11:00
11:30
12:00
12:30
1:00
1:30
2:00
2:30
3:00
3:30
4:00
4:30
5:00
5:30
6:00
6:30
7:00
7:30
8:00
8:30
9:00
9:30
10:00

As I worship You, O God, delight
me with Your love. Do something
glorious, like only You can do, and
leave me in awe of You.

What
God
did
today

7:00
7:30
8:00
8:30
9:00
9:30
10:00
10:30
11:00
11:30
12:00
12:30
1:00
1:30
2:00
2:30
3:00
3:30
4:00
4:30
5:00
5:30
6:00
6:30
7:00
7:30
8:00
8:30
9:00
9:30
10:00

What
God
did
today

December 18

December 19

7:00
7:30
8:00
8:30
9:00
9:30
10:00
10:30
11:00
11:30
12:00
12:30
1:00
1:30
2:00
2:30
3:00
3:30
4:00
4:30
5:00
5:30
6:00
6:30
7:00
7:30
8:00
8:30
9:00
9:30
10:00

As I worship You, O God, delight
me with Your love. Do something
glorious, like only You can do, and
leave me in awe of You.

What
God
did
today

7:00
7:30
8:00
8:30
9:00
9:30
10:00
10:30
11:00
11:30
12:00
12:30
1:00
1:30
2:00
2:30
3:00
3:30
4:00
4:30
5:00
5:30
6:00
6:30
7:00
7:30
8:00
8:30
9:00
9:30
10:00

What
God
did
today

December 20

December 21

7:00
7:30
8:00
8:30
9:00
9:30
10:00
10:30
11:00
11:30
12:00
12:30
1:00
1:30
2:00
2:30
3:00
3:30
4:00
4:30
5:00
5:30
6:00
6:30
7:00
7:30
8:00
8:30
9:00
9:30
10:00

As I worship You, O God, delight
me with Your love. Do something
glorious, like only You can do, and
leave me in awe of You.

What
God
did
today

7:00
7:30
8:00
8:30
9:00
9:30
10:00
10:30
11:00
11:30
12:00
12:30
1:00
1:30
2:00
2:30
3:00
3:30
4:00
4:30
5:00
5:30
6:00
6:30
7:00
7:30
8:00
8:30
9:00
9:30
10:00

What
God
did
today

December 22

December 23

7:00
7:30
8:00
8:30
9:00
9:30
10:00
10:30
11:00
11:30
12:00
12:30
1:00
1:30
2:00
2:30
3:00
3:30
4:00
4:30
5:00
5:30
6:00
6:30
7:00
7:30
8:00
8:30
9:00
9:30
10:00

Let I worship You, O God, delight
me with Your love. Do something
glorious, like only You can do, and
leave me in awe of You.

God's
word
for me
today

7:00
7:30
8:00
8:30
9:00
9:30
10:00
10:30
11:00
11:30
12:00
12:30
1:00
1:30
2:00
2:30
3:00
3:30
4:00
4:30
5:00
5:30
6:00
6:30
7:00
7:30
8:00
8:30
9:00
9:30
10:00

What
God
did
today

December 24

December 25

7:00
7:30
8:00
8:30
9:00
9:30
10:00
10:30
11:00
11:30
12:00
12:30
1:00
1:30
2:00
2:30
3:00
3:30
4:00
4:30
5:00
5:30
6:00
6:30
7:00
7:30
8:00
8:30
9:00
9:30
10:00

As I worship You, O God, delight
me with Your love. Do something
glorious, like only You can do, and
leave me in awe of You.

What
God
did
today

7:00
7:30
8:00
8:30
9:00
9:30
10:00
10:30
11:00
11:30
12:00
12:30
1:00
1:30
2:00
2:30
3:00
3:30
4:00
4:30
5:00
5:30
6:00
6:30
7:00
7:30
8:00
8:30
9:00
9:30
10:00

What
God
did
today

December 26

December 27

7:00
7:30
8:00
8:30
9:00
9:30
10:00
10:30
11:00
11:30
12:00
12:30
1:00
1:30
2:00
2:30
3:00
3:30
4:00
4:30
5:00
5:30
6:00
6:30
7:00
7:30
8:00
8:30
9:00
9:30
10:00

As I worship You, O God, delight
me with Your love. Do something
glorious, like only You can do, and
leave me in awe of You.

What
God
did
today

God's
word
for me
today

7:00
7:30
8:00
8:30
9:00
9:30
10:00
10:30
11:00
11:30
12:00
12:30
1:00
1:30
2:00
2:30
3:00
3:30
4:00
4:30
5:00
5:30
6:00
6:30
7:00
7:30
8:00
8:30
9:00
9:30
10:00

What
God
did
today

December 28

December 29

7:00
7:30
8:00
8:30
9:00
9:30
10:00
10:30
11:00
11:30
12:00
12:30
1:00
1:30
2:00
2:30
3:00
3:30
4:00
4:30
5:00
5:30
6:00
6:30
7:00
7:30
8:00
8:30
9:00
9:30
10:00

As I worship You, O God, delight
me with Your love. Do something
glorious, like only You can do, and
leave me in awe of You.

7:00
7:30
8:00
8:30
9:00
9:30
10:00
10:30
11:00
11:30
12:00
12:30
1:00
1:30
2:00
2:30
3:00
3:30
4:00
4:30
5:00
5:30
6:00
6:30
7:00
7:30
8:00
8:30
9:00
9:30
10:00

What
God
did
today

December 30

December 31

7:00
7:30
8:00
8:30
9:00
9:30
10:00
10:30
11:00
11:30
12:00
12:30
1:00
1:30
2:00
2:30
3:00
3:30
4:00
4:30
5:00
5:30
6:00
6:30
7:00
7:30
8:00
8:30
9:00
9:30
10:00

As I worship You, O God, delight
me with Your love. Do something
glorious, like only You can do, and
leave me in awe of You.

What
God
did
today

Find your next Day Planner Prayer Journal at
www.MoreThanAConquerorBooks.com
(Author's proceeds go to shining the Light in dark corners of the world.)

Other books and journals by Mikaela Vincent:

Delight to Be a Woman of Wonder Power Planner

Soar on Eagle Wings Journal

Horse Lovers Journal

Friesian Horse Lovers Journal

Finding Beauty Among the Ruins Adventure Journal Diary

Bejeweled Touch of India Journal

Delight to Become a Woman of God
(deep Bible study workbook for tweens)

Dare to Be a Mighty Warrior
(same as *Delight to Be a Woman of Wonder*, but for men)

Dare to Be a Mighty Warrior Prayer Journal

Dare to Be a Man of God
(deep Bible study workbook for teens and single adults)

Dare to Be a Man of God Prayer Journal

Dare to Become a Man of God
(deep Bible study workbook for tweens)

Chronicles of the Kingdom of Light (fantasy series)
Rescue from Darkness (Book One)
Sands of Surrender (Book Two)

Out You Go, Fear! (children ages 4-8, freedom from fear)

I Want a Horse! (children ages 4-8 for a thankful heart)

I Want a Horse Draw My Own Story Book for Kids

I Want to See Jesus! (beginning reader)

Step into the adventure...

Mikaela Vincent
More Than A Conqueror Books

We're not just about books. We're about books that
make a difference in the lives of those you care about.

MoreThanAConquerorBooks.com